# 古希腊

## 每天30秒
## 探索永恒文明的50个重要成就

**主编**

[英] 马修·尼克尔斯
（Matthew Nicholls）

**参编**

[英] 艾玛·艾什顿（Emma Aston）

[英] 蒂莫西·达夫（Timothy Duff）

[英] 帕特里克·芬格拉斯（Patrick Finglass）

[英] 凯瑟琳·哈罗（Katherine Harloe）

[英] 马修·尼克尔斯（Matthew Nicholls）

[英] 凯莉·鲁道夫（Kelli Rudolph）

[英] 艾米·C.史密斯（Amy C. Smith）

**译者**

刘晓安　韩永珍

机械工业出版社
CHINA MACHINE PRESS

Matthew Nicholls, 30-Second Ancient Greece

ISBN 978-1-78240-388-3

First published in the UK in 2016 by Ivy Press

an imprint of The Quarto Group

Copyright © The Ivy Press Limited 2016

All rights reserved.

北京市版权局著作权登记 图字：01-2017-8443号

**图书在版编目（CIP）数据**

古希腊 /（英）马修·尼克尔斯（Matthew Nicholls）主编；刘晓安，韩永珍译. —北京：机械工业出版社，2023.10

（30秒探索）

ISBN 978-7-111-73992-0

Ⅰ.①古… Ⅱ.①马… ②刘… ③韩… Ⅲ.①古希腊 – 历史 – 通俗读物 Ⅳ.①K125-49

中国国家版本馆CIP数据核字（2023）第193660号

机械工业出版社（北京市百万庄大街22号　邮政编码100037）

策划编辑：汤　攀　　　　　　　　　　　　责任编辑：汤　攀
责任校对：潘　蕊　薄萌钰　韩雪清　　　封面设计：鞠　杨
责任印制：张　博

北京利丰雅高长城印刷有限公司印刷

2024年2月第1版第1次印刷

148mm×195mm·4.75印张·164千字

标准书号：ISBN 978-7-111-73992-0

定价：59.00元

电话服务　　　　　　　　　　网络服务

客服电话：010-88361066　　机 工 官 网：www.cmpbook.com
　　　　　010-88379833　　机 工 官 博：weibo.com/cmp1952
　　　　　010-68326294　　金 书 网：www.golden-book.com
**封底无防伪标均为盗版**　　机工教育服务网：www.cmpedu.com

# 目　录

# 前言

## 马修·尼克尔斯

古希腊人认为自己是由语言、宗教以及复杂的种族和政治关系网联系起来的，但他们并不生活在一个民族国家里，因为在公元前800年左右"黑暗时期"出现的古希腊世界里，是相互独立又相互竞争的城邦各自为政的局面。这些城邦位于现代希腊半岛和众多岛屿之上，它们常为有限的农田互相争斗，有些城邦还位于现代土耳其小亚细亚沿岸的爱琴海中，有的甚至远至意大利南部和法国。这些城邦拥有文化认同，相互之间又有激烈的争斗，这种两者兼而有之的能力产生了极其丰盛的创造力。

公元前800年至公元前300年左右，"古风时代"和"古典时代"的"希腊奇迹"在文明发展史上具有深远意义。古希腊人在人类事业的几乎所有领域都取得了巨大的成就。他们对口语和书面语的威力极有兴趣，发明了史诗、抒情诗、戏剧和历史剧等新的文学形态。古希腊人通过接触黎凡特文明，发明了一种字母，并用这种字母将上述新文学形态记录下来。他们尝试新的社会组织方式，包括民主政治、寡头政治、各种类型的王国制度、陪审团制审判以及强有力的演讲，并对这些社会组织方式进行了深入和系统的思索。他们对人类的状况进行了深入的探究，其方式涵盖文学、哲学，包括绘画、陶艺和雕塑在内的艺术表达，乃至体育。他们为这些活动建造的剧院、体育馆和雄伟的庙宇，这些场地有着令人叹为观止的新建筑风格。

这个蓬勃发展的时期在公元前5世纪至公元前4世纪的雅典达到了全盛，而我们不少的证据就是来自这座非凡的城市。我们一想到希腊，就会想起雅典"古典时代"在建筑、雕塑、哲学、戏剧及民主等方面取得的各种成就。

亚历山大大帝的对外征服势如雷霆，前所未有地将希腊文化传播到极为遥远的地方，从而拉开了希腊化时期的序幕。

被强权打破，古希腊世界的"泛希腊"节日通常以音乐、戏剧、田径、摔跤和拳击为特色，这也是现代奥运会的灵感来源。

但雅典只是众多相互竞争的城邦中的一个。当它的光芒褪去时，其他权力中心，如底比斯、马其顿和亚历山大则崛起变得夺目起来。多个规模较小且相互竞争的城邦构成的古希腊世界，其中最伟大的要数来自马其顿的亚历山大大帝，他的对外征服急剧拓展了古希腊世界的边界。他之后的各个泛希腊王国继续在中东传播古希腊的思想，这就解释了为什么古希腊最伟大的图书馆在埃及亚历山大被发现，以及为什么古希腊的建筑形态在远至现代阿富汗这样的地方能被找到。

当泛希腊的各个王国遭到邻居罗马人入侵时，罗马人便使得希腊的政治影响力黯然失色，但希腊的文化影响力并未受到影响。希腊思想继续对罗马人的思想施加着强有力的影响，罗马人也借鉴了希腊人的众神、文学形式、建筑风格和艺术成就。如今，希腊思想的影响在智力和文化生活的各个角落几乎都能感受到，它们存在于政治、经济、修辞学、哲学、民主、技术、数学、戏剧和音乐中，甚至上述很多术语都来自希腊语。正如英国诗人雪莱在其抒情诗剧《希腊》的序言中写到："我们全都是希腊人。我们的法律、我们的文学、我们的宗教、我们的艺术，根源皆在希腊"。

多处古希腊遗址上的石刻碑文为历史学家提供了大量关于古代生活的信息。

# 古希腊历史概览

公元前5世纪的地中海东部。希腊城邦散布于大陆、爱琴海诸岛,甚至更遥远的地方。

**约公元前1575年起**
希腊的迈锡尼文明占据了希腊和爱琴海

**约公元前1425—公元前1200年**
线形文字B用于记录迈锡尼时期的希腊

**约公元前1200年**
东地中海一系列文明相继衰落,包括迈锡尼文明、安纳托利亚和叙利亚的赫梯文明以及埃及的新王国

**约公元前1200—公元前800年**
希腊"黑暗时期"

**公元前8世纪**
希腊字母出现

**公元前776年**
通常被认为是首次奥林匹克运动会举行的年份

**约公元前750—公元前725年**
可能是《伊利亚特》和《奥德赛》写就的时期,通常荷马被认为是这些史诗的作者

**公元前8世纪—公元前7世纪**
希腊各个城邦得到发展,建立姊妹殖民地,尝试不同形式的政治形式,相互交战

**公元前7世纪晚期**
萨福在莱斯玻斯岛上写下诗篇

**公元前594/593年**
颇具影响力的立法者梭伦任雅典司法官

**约公元前570年**
毕达哥拉斯出生

**公元前507年**
雅典改革家克利斯提尼在雅典成名，开始进行民主改革

**公元前490年**
在雅典取得马拉松战役胜利后，波斯王大流士对雅典的进攻失败

**公元前484年**
埃斯库罗斯赢得雅典戏剧狂欢节（酒神节）悲剧奖，这是他所获13个奖项中的第一个

**公元前480—公元前479年**
波斯王薛西斯对希腊的侵略失败，原因是斯巴达人在塞莫皮莱（"温泉关"）阻击了波斯人，而希腊人也在萨拉米斯海战和普拉蒂亚战役中击败了波斯人

**公元前478—公元前477年**
雅典组建了针对波斯人的"提洛同盟"，为其在希腊世界70多年的主导地位奠定了基础

**公元前468年**
索福克勒斯在狂欢节（酒神节）上获得了自己的第一个悲

剧奖

**约公元前461—公元前429年**
雅典建立了民主和王朝（帝国），伯里克利执政

**公元前447—公元前432年**
雅典帕特农神殿得以建造和装饰

**公元前441年**
欧里庇得斯赢得自己在狂欢节（酒神节）的第一个悲剧奖

**公元前431—公元前404年**
雅典和斯巴达之间爆发了伯罗奔尼撒战争，以雅典失败告终

**公元前428年**
柏拉图出生

**公元前427年**
阿里斯托芬的第一部戏剧上演

**公元前411和公元前404年**
严苛的寡头统治取代了雅典的民主

**公元前399年**
苏格拉底被处决

**公元前384年**
亚里士多德出生

**公元前336年**
马其顿王国亚历山大大帝继承父亲腓力二世的王位

**公元前323年**
征服东地中海和中东大部分土地后，亚历山大大帝去世

**公元前4世纪晚期**
亚历山大帝国分裂成相互交战的将军们掌控的各个希腊化王国

**公元前3世纪早期**
亚历山大图书馆建立

**公元前214—公元前148年**
罗马人和数个希腊王国为东地中海的控制权展开了一系列战争，称为"马其顿战争"

**公元前146年**
罗马人对科林斯和迦太基进行洗劫，控制了希腊和地中海的大部分

**公元前31年**
在亚克提姆海战中，罗马人击败了希腊化王国中的托勒密王朝，并征服了埃及

**公元1—公元2世纪**
罗马帝国统治下的希腊（行省）重新繁荣起来，取得了文化成就

**285年**
罗马皇帝戴克里先将罗马帝国分为东（希腊）和西两部分

**330年**
信奉天主教的罗马皇帝君士坦丁将帝国首都迁至拜占庭（君士坦丁堡）

**1453年**
拜占庭帝国最终覆灭

本书共7章，旨在探究古希腊丰富的历史和文化遗产。本书研究对象范围之广反映了古希腊人广泛的成就，也反映了全世界众多大学研究机构对其进行研究的方式。古典学家、语言学家、历史学家、考古学家、哲学家和艺术史家们都对古希腊人的世界进行研究，使用截然不同的史料、问题和方法。将该研究的众多领域浓缩至仅仅50个主题，是相当大的挑战。

《古希腊世界》概述了古希腊世界的主要强大国家和从公元前5世纪"古典时期"到古罗马人出现期间的希腊历史。如果读了本书的时间线，将很容易读懂第一章。《人民和社会》研究古希腊的社会，包括存在于希腊人和非希腊人之间以及市民、非市民和奴隶之间的两极化状况，公民生活的一般制度，治理公民社会的法律，以及具有重要意义的农业。《神话和宗教》介绍了古希腊信仰中的众神和英雄，以及人们信奉他们的方式。《文学》分样式体裁对希腊文学进行了简短介绍，这些文学样式包括史诗和抒情诗，悲剧和喜剧，散文、历史和演讲，以及哲学等。这些简短的主题只是简单的介绍，如果本书的读者因此去阅读一些名家的作品，我会感到非常高兴，希罗多德所著的《历史》可作为一开始阅读的内容。《语言和学习》通过研究希腊语言的本质、其记录和传播的方式以及其所记录的智力成果，对希腊文学进行更广泛的研究。接下来的两章分别是《建筑学和建筑物》和《艺术》，前者涵盖宗教建筑和住宅，后者则包括瓶画（彩绘花瓶）、不同年代的雕塑、绘画、金属制品和珠宝首饰。

希腊花瓶常常绘有神话传说和日常生活中的场景。

在古希腊生活中，战争反复出现，在许多艺术和文学作品中留下了印记。

本书各章和各个主题可按先后顺序阅读，也可以随读者意愿阅读。每个主题的主体文字部分对本主题的内容进行概述，"3秒钟速览"提供了快速概要，而另一个单独的段落"3分钟扩展"则提供了关于本主题的不同视角、更多的信息或者需要思考的问题点。

每章都有帮助熟悉概念的术语，并提供与本章主题有关的人物传记。为每章的主题挑选相关人物是一项有趣而具有挑战性的工作。一些人物，如荷马和亚历山大大帝是不能遗漏的，但我也想挑选一些对古希腊社会造成不同影响的人们，他们的经历常常反映了有较高地位的古希腊人的观点。例如我们没有挑选在其他书中出现的伯里克利，而是选择了他的情妇阿斯帕西娅，她甚至不是雅典人。莎孚为男性主导的希腊文学做出了女性的贡献。宙斯的传记讲述的是"离经叛道"的故事，他的故事让我们了解了奥林匹亚山众神"不正常"的家庭生活。

我希望这种人物选取以及本书中的50个主题能让读者瞥见古希腊令人神往、富于创造性而又波澜起伏的世界。

公元前5世纪，像伯里克利这样的政治家帮助雅典走向了伟大。

# 古希腊世界

# 古希腊世界
## 术语

**亚该亚同盟（Achaean League）** 希腊亚该亚地区的城市组成的联邦性的组织。该同盟以各种形式存在，一直持续至公元前2世纪中叶该地区落入罗马人手中。

**卫城（*acropolis*）** 字面意思是"上城"，即城市内的至高点，通常是经加固而成的军事要塞，作为核心或战略要点容纳重要的市政和/或宗教建筑。

**市中心广场（*agora*）** 城邦里位置居中的开阔区域，人们在这里非正式地聚集，如从事商业活动，有时候也举行某些正式的政治活动集会。就像在雅典，市中心广场旁通常都排列着重要的市政建筑。

**安提柯王朝（Antigonids）** 泛希腊时期的王朝，其国王始于亚历山大大帝的"独眼"将军、后来的安提柯一世。该王朝统治马其顿和希腊大陆的大部分区域，直至公元前168年被罗马人彻底击败。

**古希腊的古风时期（Archaic period）** 约公元前8世纪至公元前5世纪早期。这是古希腊历史中的一个阶段，此时"黑暗时期"结束，各种"独特"的现象开始出现，如城邦及"相关联的"殖民地、希腊字母、泛希腊神殿及其节日、新艺术形态，以及更加兴盛和繁荣的贸易。

**小亚细亚（Asia Minor）** 位于爱琴海、黑海和幼发拉底河间的半岛的拉丁语名字。尽管其核心区域从公元前546年起至被亚历山大大帝征服期间曾是波斯帝国的一部分，很多希腊人从公元前1100年左右起就定居于小亚细亚的西海岸。最终这些城市发展为希腊文化的重要中心，如以弗所。

**黑绘陶器（black-figure pottery）** 自公元前8世纪发展起来的陶器装饰工艺。如同剪影的形象被绘制在红色黏土容器上，其细节则通过刻线来凸显。

**皮奥夏联盟（Boeotian League）** 位于希腊中部皮奥夏地区的城邦联盟，通过共同的文化、宗教和语言特征联系在一起。

**迦太基（Carthage）** 位于今日突尼斯境内的一座城市，由腓尼基殖民者建立，后成为强大的海上王国的首都，该王国同罗马帝国对抗，争夺地中海的控制权。

**德尔斐（Delphi）** 泛希腊地区四处圣域中的一处。它是声名显赫、力量强大的太阳神阿波罗发布神谕的地方，也是以太阳神之名举行的德尔斐（皮西安）运动会的所在地。

达达尼尔海峡（Hellespont，赫勒斯湾）
将欧洲和亚洲分开的一条重要海峡，起于
爱琴海，经马尔马拉海到达黑海。

重装甲步兵（hoplite） 城邦的"标
准"战士，以矛和剑为武器，以头盔和
盾牌为防护。

美索不达米亚（Mesopotamia） 源自
希腊语词语"两河之间"，指的是底格
里斯河和幼发拉底河流域间的土地，向
东南扩展经过今日叙利亚、伊拉克和伊
朗。在亚历山大大帝入侵前，一直都是
波斯帝国的一部分。

奥林匹亚山（Olympia） 泛希腊时期
的圣域，是宙斯居住的圣地，同时也是
奥林匹克运动会的所在地。来自全希腊
的运动员们每四年聚集在这里，在8月或
9月进行比赛。

泛希腊（Panhellenic） 字面意思为所
有希腊人的，尤其用于希腊范围内的四
大圣域，即德尔斐、奥林匹亚、尼米亚
和"地峡"，在这些地方举行的运动会
面向所有希腊人。该词也表示更广泛的
意思，即希腊人即使互相交战，仍然具
有那些将他们与非希腊人区别开来的共
同特征。

行省（province） 罗马帝国的次一级区
域，由被任命的省长管理。

托勒密王朝（Ptolemies） 泛希腊时期埃
及的统治王朝，亚历山大大帝去世时由其
将军托勒密即托勒密一世（公元前323-公元
前283年在位）建立。该王朝的统治延续至
公元前30年末代君主克利奥佩特拉。因其
战败和自杀，埃及落入后成为罗马帝国皇
帝的奥古斯都手中。

塞琉古王朝（Seleucids） 亚历山大大帝
去世后，统治其帝国中面积巨大领土的王
朝。该部分领土呈条状，大小不断变化，从
土耳其中部经叙利亚延伸至伊朗和中亚。该
王朝由亚历山大大帝的将军塞琉古一世（即
尼卡托）建立，他在位的时间为公元前305
年至公元前281年。该王朝统治延续至安提
阿古斯八世（即阿西阿提库斯），他被罗马
将军"伟大的"庞培废黜。

粟特（Sogdian） 今乌兹别克斯坦和塔吉
克斯坦境内一个叫作粟特（索格狄亚那）
的区域。

无业游民（thetes） 雅典自由公民中，经
济地位最低的男性。

# 城邦

## 30秒钟历史

并不存在一个被所有希腊人都效忠的国家或政府。相反，希腊世界是由约1500个小型自治的城邦所组成的，通常它们之间还处于战争状态。每个城邦都是一个自我治理的公民群体，其领土包括从事农业生产的乡村地区和城市中心，城市中心通常有神庙、被称为市中心广场的公共聚会场所、剧院和卫城。城邦的人口通常不足一万人，甚至有时候不超过一千人。雅典的人口数量为几十万人，而斯巴达的面积比雅典还要大，这两座城市是例外。多数城邦有某些相同的关键体制，如具有一些决策权的公民大会、规模小一些的市政会议和每年更换的官员。但城邦在公民大会的权力和大会成员的广泛性方面存在着差异。很多城邦是完全独立的，有些城邦则与规模大一些的相邻城邦间有依附关系。城邦间经常缔结同盟或发生战争，而在一些区域，各城邦将主权联合起来组成"联邦"，如皮奥夏联盟或后期的亚该亚同盟。马其顿的崛起、亚历山大大帝的对外征服、希腊化时期各王国的形成以及最后罗马人对希腊的控制，都给城邦带来了问题，但它们都存活至希腊古典时期结束乃至更久。

**相关主题**

"池塘边的青蛙"
12页
政治和民主　26页
公民　30页
市政建筑　118页

**3秒钟人物**

亚里士多德
**公元前384 — 公元前322**
雅典居民，哲学家，撰写了大量政治理论、伦理学、自然科学等方面的著作

**本文作者**

蒂莫西·达夫

---

**3秒钟速览**
古希腊世界被分成数百个城邦，这些城邦是围绕城市中心建立起来的进行自我管理的公民集体。

**3分钟扩展**
哲学家亚里士多德的著作《政治学》写于公元前330年前后，该书对他认为最能让城邦公民过上幸福生活的政府和体制进行了检验。他有一句名言"从本质上讲，人是城邦的动物"。他还说，城邦应当有数量不多但足够的公民，这样每个人都互相认识，并能在一个地方聚会。

雅典是最伟大的希腊城邦之一，而雅典卫城就位于雅典的中心。

# 雅典和斯巴达

## 30秒钟历史

雅典和斯巴达是公元前5世纪古希腊的两个强权城邦。两个城邦起初联合起来抵抗波斯王国，后来又在伯罗奔尼撒战争中互相攻伐。此时的文学作品通常是由雅典人写成的，它们描绘了两个完全对立的城邦：雅典是多元化、充满活力的民主城邦，以其舰队维持政治上的权威，而斯巴达则处于寡头统治之下，对其公民生活的方方面面进行严格控制，用"铁腕"管理其农奴，并主要依赖其陆军的力量。但一些雅典作家如柏拉图和色诺芬则仰慕斯巴达被称为"欧诺弥亚（秩序女神）"的良好秩序，它表现为政治的稳定和长久。斯巴达战士是勇敢的代名词，而斯巴达女人则是美貌和智慧的代名词。斯巴达最为出名的是公共生活方式，即数千名公民经过训练在军队中服役，不从事经济生产，他们同吃同住，其每日所需由大量的"居住在附近的人"和"奴隶"提供。这些安排被归功于传奇性的立法者来库古，而现代学者则认为这是古典时期斯巴达统治拉科尼亚和美塞尼亚等领土时为应对治理问题而做出的安排。

**3秒钟人物**

伯里克利
**约公元前495 — 公元前429**
政治家、将军，将雅典带入伯罗奔尼撒战争

列奥尼达斯
**约公元前490 — 公元前480年在位**
斯巴达王，领导军队在塞莫皮雷抵抗波斯入侵者，保卫希腊

歌果
活跃于公元前480年
列奥尼达斯的妻子

**本文作者**

凯瑟琳·哈罗

**3秒钟速览**

雅典和斯巴达是公元前5世纪古希腊的两座主要城邦，它们于公元前431年至公元前404年间进行战争，导致雅典的衰落。

**3分钟扩展**

"简洁语言"和"斯巴达式生活"是人们对斯巴达长期刻板印象的明证。但斯巴达人真的是生活不奢侈且少言寡语吗？我们的资料来源并不平衡，多数为来自雅典的资料，使得重构斯巴达这一雅典最大对手，成为一项困难的工作。黑绘陶器和阿尔克曼的合唱诗都表明斯巴达文化创造的重要性，也是对后来雅典人创作的针对斯巴达人的讽刺漫画的修正。

以陆军闻名的斯巴达和以海军闻名的雅典是公元前5世纪希腊的两大强权霸主。

# 波斯人和波希战争

## 30秒钟历史

公元前6世纪时，位于小亚细亚的各个希腊城邦臣服于波斯人的统治。雅典人派出船只支持这些城邦对波斯人的反抗（公元前499—公元前494年），但反抗失败了，波希战争爆发。波斯派出部队前去惩罚雅典，但于公元前490年在马拉松战役中被击败。10年后，波斯人发起了大规模的入侵，目的是将所有希腊大陆城邦纳为己有。以希腊最重要的军事力量斯巴达为领导的联盟迎难而上，分别在公元前480年的萨拉米斯海战和公元前479年的普拉提亚陆战中击败了波斯人。位于小亚细亚的希腊城邦很快就从波斯人的统治中被解放出来。派出最大规模海军的雅典很快成为海军联盟"德洛（德利安）联盟"的领头羊，该联盟的目的是防止波斯人的侵入。但在接下来的50年中，雅典逐渐将这个联盟变成了自己的王国。最后，斯巴达及其盟友在伯罗奔尼撒战争中于公元前431年展开了对雅典的进攻。该战争持续了27年。当雅典拥有制海权时斯巴达无法对雅典实施致命一击，而雅典也无法在陆上战役中迎战斯巴达。这种僵局直到斯巴达悄悄同意将小亚细亚割让给波斯以换取大量金钱上的支持时才被打破。所以说是波斯人的黄金赢得了这场战争。

**3秒钟速览**

波希战争中，雅典和斯巴达是盟友，但不到50年，双方在波希战争（伯罗奔尼撒战争）中互相攻伐。

**3分钟扩展**

修昔底德认为，伯罗奔尼撒战争"最真实的原因"并非是让战争一触即发的导火索，而是斯巴达惧怕雅典日益增长的实力。斯巴达人认为必须在"事情不可收拾"之前摧毁雅典的实力。雅典最终于公元前404年投降，使得斯巴达在希腊占据了完全的主导权。但斯巴达因欺凌盟友同其他盟友反目，也在40年不到的时间里江河日下。

**3秒钟人物**

希罗多德
**约公元前485 — 约公元前424**
希腊人，出生于小亚细亚的哈里卡尔索纳斯，描述了波希战争的历史

修昔底德
出生于约公元前460年
雅典指挥官，撰写了关于伯罗奔尼撒战争的长篇巨作

**本文作者**

蒂莫西·达夫

波斯王国和其他希腊诸城邦间的冲突引发了陆战和海战。

# 战争

## 30秒钟历史

**3秒钟速览**

重装甲步兵是全副武装的步兵，在希腊古典时期的战争中占据着主导地位。他们不光在战场上占据主导地位，还是相互协作的公民的象征。

**3分钟扩展**

军事和政治生活间的紧密关系可以从雅典享有盛誉的海军上看出来。公元前5世纪雅典在军事上的霸权依赖其制海权和对商船航路的控制。雅典舰船上的桨手是最底层的阶级，他们是城市里最穷的人，负担不起重装甲，而他们对战争做出的重要贡献让他们成为拥有选举权的公民。因此，著名的雅典民主从某种程度上说是其海上霸权的产物。

战争在古希腊的历史中几乎是家常便饭。战争既包括波希战争这样的著名战事，也包括相邻城邦间为了土地和其他局部龃龉而长期存在的小型争端。战争的毁灭性得到了人们的承认，即使在认为战争带来英雄荣耀的《伊利亚特》中，战神阿瑞斯也是被人憎恨的形象。但并不存在普遍的和平主义观点，人们接受暴力冲突是生活的现实。此外，在城邦中，每个公民在面对战争的时候，就成了一名战士。战争并不是职业军人的专属，为自己的城邦而战是公民的义务之一，随时迎战的职业军队也只是少数。在大多数区域中，最卓越的身兼公民和战士之责的人便是重装甲步兵，他们与战友肩并肩，构成了典型战争形态的核心，体现了社会合作的理念。重装甲步兵参与的战争最早出现在公元前8世纪，到了公元前5世纪其在战场理论性和实用性两个方面都占据了主导地位。其他类型的战士则起辅助性的作用。骑兵用来袭扰敌人的侧翼并在敌人溃败时进行追击，弓箭手和投石手则帮助削弱对手的防线。但无论如何，重装甲步兵仍是军队和城邦的核心。

**3秒钟人物**

提尔泰奥斯
**公元前7世纪晚期**
斯巴达诗人，他描写勇敢的战士用盾牌挡住敌人，这是对重装甲步兵价值的完美描述

**本文作者**

艾玛·艾什顿

重装甲步兵是古希腊陆战中至关重要的力量。

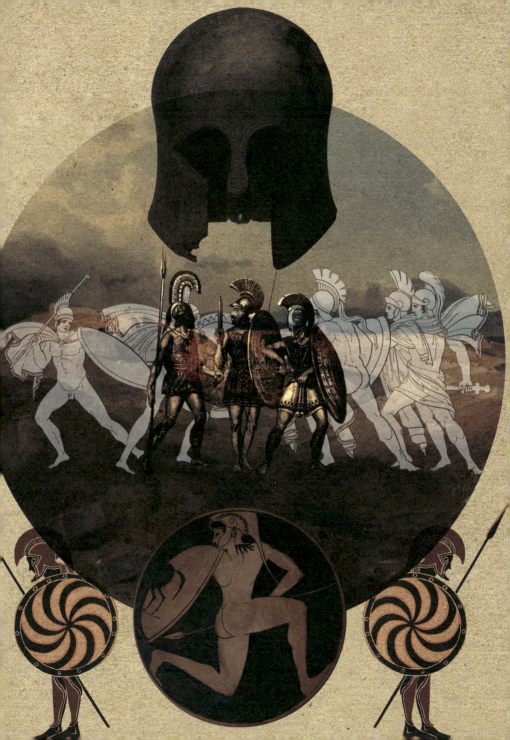

# "池塘边的青蛙"

## 30秒钟历史

### 3秒钟速览

希腊人通常不在遥远的内陆定居。苏格拉底将当时其所知世界的人们比作"池塘边的青蛙或蚂蚁",而这"池塘"便是地中海。

### 3分钟扩展

希腊大陆的城邦只是希腊世界的一小部分,并非一定是最富有的,他们关心的问题也并不总是与其他地方的希腊人相同。当大陆的城邦正在参与波希战争时,西西里岛上的城邦则正在抵抗迦太基人的入侵。在被亚历山大大帝征服之前,位于小亚细亚的城邦还常常处于波斯人的控制之下。而意大利、北非和黑海地区的城邦,则须应对截然不同的当地状况。

古风时代晚期,从希腊大陆乡下来的希腊人围绕着地中海和黑海的海滨地区定居下来,这是历史上最大的殖民运动之一。西班牙、普罗旺斯、西西里岛、南部意大利、北非、黎凡特、小亚细亚乃至遥远的克里米亚半岛,遍布希腊城邦。在如此遥远的地方建立城邦的同时,希腊人不可避免地同其他民族有了接触和联系,这些民族包括具有古老文明的波斯人和埃及人、处于部落社会的巴尔干人、西方的凯尔特人、意大利地区的伊特鲁里亚人和罗马人等。希腊人认为埃及人的文明比自己的文明还要早得多。通婚和同化产生了希腊文化的多样性,但希腊城邦拥有共同的语言和相同的习俗,即便是远方独立的殖民点,也与宗主城邦保持着联系。很多希腊城邦派代表前往德尔斐和奥林匹亚参加运动会或在大型泛希腊宗教圣地献祭,这就构成了整个讲希腊语的世界里的焦点。尽管陆地上的旅程和贸易既困难又昂贵,但大海并没有将众多的希腊城邦分隔开来,反而将它们紧密联系起来了。

### 3秒钟人物

苏格拉底
约公元前470/469——公元前399
雅典哲学家,以其提问的方式闻名。他被处死,但在柏拉图、色诺芬和其他学生的作品中得以永生

### 本文作者

蒂莫西·达夫

希腊定居点在地中海沿岸乃至更远的地方散播开来,通过语言和宗教联系在一起。

**公元前356年**
亚历山大出生，后接受亚里士多德的教育

**公元前336年**
父亲腓力二世遇刺身亡，亚历山大成为马其顿国王

**公元前334年**
入侵位于小亚细亚的波斯领土，格拉尼卡斯河战役爆发

**公元前333年**
在伊苏斯击败波斯王大流士，亚历山大挺进腓尼基

**公元前332年**
作为解放者，在埃及受到欢迎

**公元前331年**
建立亚历山大港，在美索不达米亚的高加米拉击败波斯王大流士

**公元前330 — 公元前327年**
发起中亚战役

**公元前327年**
入侵波斯东部边境外地区

**公元前326年**
击败印度的一位统治者波罗斯，但他的军队发生兵变，拒绝继续远行

**公元前323年**
亚历山大回到巴比伦，因患热病去世，他的将军们很快陷入内战

# 人物传略：亚历山大大帝

# ALEXANDER

亚历山大大帝改变了西方历史。他20岁的时候，父亲腓力二世遇刺身亡，于是成为马其顿国王。马其顿是希腊北部面积广大的丰饶之地。他从父亲手中继承了一个统一的王国，一支富有经验的职业军队，以及对希腊大陆大部分城邦事实上的控制权。在解决了马其顿北部边境的问题并镇压了底比斯的反叛后，他越过赫勒斯滂河（达达尼尔海峡），侵入波斯在小亚细亚的领土。在一系列辉煌的战役中，他沿着海岸推进，夺取主要的城邦，并最终在现在土耳其南部的伊苏击败了波斯王大流士和他庞大的军队。在埃及，他作为解放者受到人们的欢迎，并建立了亚历山大城，然后他又迅速向东开进，进入美索不达米亚，并在高加米拉赢得了决定性的一役，夺取了巴比伦。

从此时起，亚历山大大帝就以大流士的继承者的身份行事。他没有简单地任用马其顿或希腊官员，而是在重要职位上重新任命波斯和当地官员。让他的部分官员感到嫌恶的是，他还采纳了一些波斯人的着装和宫廷礼仪。他继续向东开进，经过现在伊朗、阿富汗乃至更远的地方。当军队在现在的巴基斯坦发生兵变时，他才停了下来，不得不折返。

亚历山大大帝成功地征服了强大的波斯王朝，震惊了当时的看客们。他的个人魅力、果断的领导力和勇气发挥了重要的作用。但不得不说，波斯王朝当时已经变得孱弱，因为在那之前的数十年发生了一些大规模的反叛。亚历山大大帝还受益于他父亲刚刚改造过的具有高度机动性的职业军队，该军队使用6米长的矛和精锐的骑兵，并在围城战中具有令人生畏的经验。

亚历山大大帝因发烧在巴比伦去世，年仅33岁，王业戛然而止。他身后留下了一个庞大的帝国，但没有明显的继承人。由于将军们互相攻伐，他的帝国很快分崩离析。但他作为古代世界"伟大征服者"的盛誉一直流传至今。包括恺撒、庞培和拿破仑在内的将军和皇帝们都曾试图效仿他，并在他的荣耀中得到力量。现存最早的关于亚历山大大帝的资料来自普鲁塔克的传记，也只能追溯至他去世后的好几百年。很多人崇拜他，因为他是国王和将军的典范，但也有一些来自东方的人认为他腐化堕落，因为他变得日益暴虐专横，常常暴怒和酩酊大醉。

蒂莫西·达夫

# 希腊化王国

## 30秒钟历史

**3秒钟速览**

亚历山大大帝死后50年里的内讧争斗，在其庞大帝国中产生了众多希腊化王国。

**3分钟扩展**

希腊化王国是超民族的邦国，它们在自己的领土内既有希腊城邦，也有大量非希腊人，由希腊-马其顿的精英治理。希腊城邦包含雅典和斯巴达，它们此时已无足轻重，正竭力维持其自治，并与希腊化王国保持良好的关系。但希腊语成为东地中海地区教育、贸易、行政和文学方面的通用语言。

亚历山大大帝于公元前323年在巴比伦去世时，在他身后留下了一个庞大的帝国，从西部的马其顿延伸至东部现代的伊朗和阿富汗地区，还包括小亚细亚、叙利亚、美索不达米亚、黎凡特和埃及的全部。但他没有继承人，而来自粟特（索格狄亚那）的妻子怀的孩子尚未出生。这便产生了持续半个世纪之久的战争。亚历山大大帝的将军们在亚细亚广袤的平原上战斗，一开始为了争夺整个帝国的控制权，后来则为了争夺帝国各个部分的控制权。希腊化王国便在这些战争中应运而生。每一个王国都是马其顿人的王朝，统治者都是亚历山大大帝的前军官（这些人被称为"继任者"）：安提柯王朝统治马其顿本身，托勒密王朝统治埃及，塞琉古王朝统治叙利亚和巴比伦，而其最初的版图曾远至中亚。其他较小的王国也在这一时期出现了，如小亚细亚的别迦摩、比提尼亚、本都和卡帕多西亚，以及希腊西北部的伊庇鲁斯。希腊各城邦虽然是自治的，但通常处于一个或多个常常交战的国王的统治之下。希腊化王国以及讲希腊语的宫廷和政府在东地中海占据主导地位，直至一个接一个地被罗马人征服。

**相关主题**

人物传略：亚历山大大帝　15页
罗马时期的希腊18页
希腊语　86页

**3秒钟人物**

塞琉古
**约公元前358—公元前281**
亚历山大大帝的军官，建立了塞琉古王朝

托勒密
**约公元前367—公元前282**
亚历山大大帝的将军，建立了托勒密王朝

克利奥佩特拉
**公元前69—公元前30**
托勒密王朝的最后一位国王。在其被罗马人击败后，埃及成为罗马帝国的一个行省

**本文作者**

蒂莫西·达夫

随着在亚历山大大帝的对外征服，马其顿-希腊王朝统治着包括埃及的广袤土地。

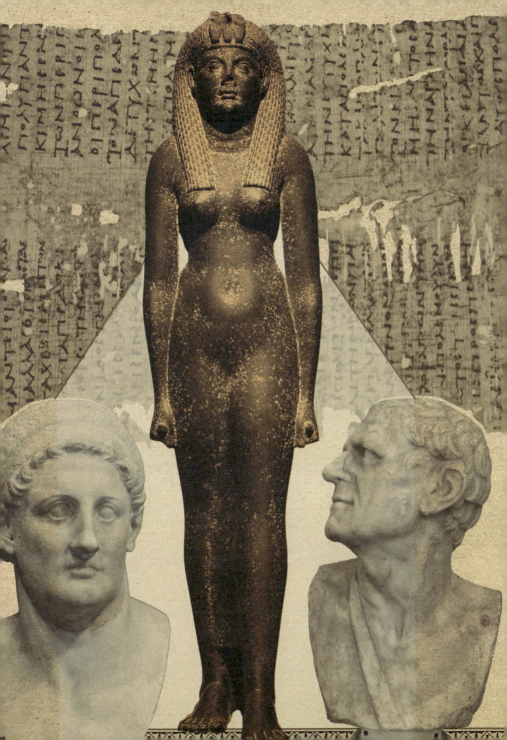

# 罗马时期的希腊

## 30秒钟历史

**相关主题**

城邦　4页

希腊化王国　16页

意大利南部和西西里的希腊城邦早在公元前4世纪就同罗马建立了联系，而此时罗马人也逐渐将其权势扩展至整个意大利半岛。到了公元前3世纪中叶，罗马人在西西里的迦太基作战，到了公元前3世纪晚期，罗马军队已经在希腊大陆进行针对马其顿的干预，并将马其顿变成其一个行省。公元前146年，罗马人洗劫了科林斯，并将希腊大陆剩下的部分纳为自己的一个行省。屋大维于公元前31年击败克里奥佩特拉，将埃及纳为罗马一行省，标志着希腊化王国事实上的终结。但罗马的主导地位并未宣告希腊文化或其城邦和体制的终结。希腊的城邦尽管屈从于罗马长官的权势，但仍保持自治和自我管理，而只要能维持现状，罗马人也承认本地希腊精英的权势。事实上，公元1、2世纪在很多方面都是希腊繁荣和文化成果的高点。正是在这一时期，各城邦有了各自最宏大的建筑，多位最高产的希腊作家处于旺盛时期，如普鲁塔克、卢西恩和盖伦。富裕的希腊人甚至开始进入罗马参议院，并指挥罗马军队。

**3秒钟速览**

公元前3世纪至公元前1世纪，罗马逐渐征服了希腊世界。尽管臣服于罗马，希腊城邦仍然保留了它们的自治权和制度体系。

**3分钟扩展**

亚历山大大帝的征服传播了希腊语，即便罗马的统治也未能改变这一点。各行省的省长（总督）由罗马派出，罗马的军队驻扎在边境省份，但希腊语仍然是罗马王国在亚得里亚海以东部分在文学、科学、行政和贸易方面的语言。希腊语还是《圣经新约》的语言，促进了这一时期基督教在罗马帝国的传播。

**3秒钟人物**

普鲁塔克
**公元约45—120**
希腊哲学家、散文家，撰写了浩繁的传记型著作《希腊罗马名人传》

盖伦
**公元129—约216**
哲学家、医生，来自小亚细亚，但一生大部分时间都住在罗马

**本文作者**

蒂莫西·达夫

罗马的军事和政治实力控制了希腊世界，但希腊世界继续创造出伟大的纪念建筑和作家，如普鲁塔克。

# 人民和社会

# 人民和社会
## 术语

**爱琴海（Aegean）** 希腊大陆和小亚细亚之间的海域，有大量岛屿。爱琴海以神话人物埃勾斯的名字命名，他以为儿子忒修斯死了便伤心地跳入爱琴海。

**阿提卡（Attica）** 雅典的领土，面积约（2409平方千米930平方英里），包括广袤富饶的平原、丘陵和大部分贫瘠但拥有大理石矿和金属矿的山地，以及小河峡谷。

**奴隶（chattel slave）** 被主人以财产形式完全拥有的奴隶。

**斯巴达奴隶（helot）** 斯巴达的农奴人口，处于奴隶状态，用作农业劳动力。

**劳里奥姆（Laurium）** 位于阿提卡东南的区域，富集银矿。新的银矿的开发促成了公元前5世纪—公元前4世纪雅典"黄金时期"的荣光。

**线性文字B（Linear B）** 迈锡尼人所使用的记录希腊语言的文字。

**外籍人（metic）** 自由人，但不是公民。可能来自希腊另一个城邦或者为非希腊人，选择在所在地临时或永久定居。

**迈锡尼文明（Mycenaean）** 青铜时期晚期希腊世界的文明，跨度为约公元前1600—公元前1100年。以陆地上给人深刻印象的宫殿中心所在地迈锡尼的名字命名，该文明也包括克里特岛和其他爱琴海岛屿上的重要遗址地区。

**家园（*oikos*）** 意为房子和家庭。

**寡头统治（oligarchy）** 少数人的统治，通常是最富有公民中的少量贵族的统治，并将大多数公民排除在权力之外。

**腓尼基人（Phoenician）** 腓尼基人在地中海沿岸黎凡特地区一系列城市王国中居住，位于现今叙利亚到黎巴嫩南部，他们最终被亚历山大大帝征服并被并入希腊。腓尼基人是著名的航海者和商人，其最著名的海外殖民地是迦太基。

**演说家（Sophist）** 哲学探究和演说劝导艺术方面的知识分子和教师。

**斯巴达人（Spartiates）** 斯巴达全体居民，称自己为"平等者"。他们在该城邦以严苛著称的公共教养下被抚养长大，处于社会地位金字塔的顶端，金字塔的底层则是奴隶。

**酒宴（symposium）** 为希腊男性公民在家中举行的饮酒聚会。具有一套礼仪和广泛的娱乐活动，包括哲学讨论、诗歌、饮酒等。

**僭主（tyrant）** 城邦的独裁统治者，并不一定是有负面意味的术语，尤其是在雅典古典时期之前的时期，那时候僭主是城邦政府的共同形态。

# 希腊人和野蛮人

## 30秒钟历史

尽管希腊各城邦在政治上从未统一过，并常常互相交战，但希腊人仍然认为自己源自相同的祖先，拥有相同的语言，信奉相同的宗教，有相同的生活方式。这种"自己人"的观念在与非希腊民族接触时得到了加强。希腊人将非希腊民族称为野蛮人。这个术语最初仅意味着语言上的差异，因为在希腊人听起来，非希腊人讲话时发出"叭叭"的声音。但在公元前480-公元前479年一些希腊城邦对波斯王朝作战取得惊人胜利后，这个术语就开始具有贬义了。毫无疑问，这种对非希腊人的轻蔑态度，受到奴隶总是非希腊人这一事实的支持，尽管这也并非绝对。这就让希腊人将愚蠢、卑贱、孱弱、娘娘腔、迷信等负面气质投射到外籍人口身上，还暗示他们自己是聪明、自由、强壮、阳刚和理性的。他们还认为，野蛮人生活在暴虐的君王统治之下，而希腊人则自己管理自己。希腊人将人类分成希腊人和野蛮人两种，还认为所有的野蛮人都是一样的，于是犯了"以希腊为中心"和"东方劣等论"的错误，前者以希腊标准来评价所有事物，而后者则将希腊以东的区域同负面的刻板印象联系在一起。

**本文作者**

蒂莫西·达夫

"野蛮人"常常被希腊人看不起，主要原因是他们不是希腊人。

# 政治和民主

## 30秒钟历史

**3秒钟速览**

在希腊，参与政治是社会地位的象征，甚至比责任更重要。

**3分钟扩展**

僭主在希腊古典时期很少见，但其形象在对希腊政治的想象中占有支配地位。希腊悲剧常常表现英雄时期僭主的垮台，例如俄狄浦斯王或阿伽门农王。人们对萨摩斯岛的波利克拉底和雅典的庇西特拉图等前6世纪的僭主的印象，以及对波斯帝国及其"伟大君主"的恐惧，可能促使现在的人们对这一类政治形象感兴趣。

"民主"（"democracy"）一词来源于希腊词汇"人民"（"demos"）和"权力"（"Kratos"）。我们所知的早期文明是公元前508年（或507年）僭主希比阿斯被驱逐后不久在雅典建立的。民主观念是希腊对现代世界最重要的遗产之一，但雅典民主与现代民主在很多方面都有差异。最为重要的一点，雅典民主是"直接"的，而不是"代议"的。所有年满20岁的雅典自由男性公民都可以参加公民大会，发表言论，并就法律和政策进行投票。诉讼由陪审团听审，陪审团由多位公民组成，而政治性职位的候选人通常需要经过抽签选择，并须在职位任期结束时对自己的行为做出解释，还可能要经历流放投票（贝壳放逐法）。所有这些方式的目的是要保证特定领导人在以公平权力基础上形成的体系中不能获得太大的影响力。"民主"是希腊古典时期各种宪政形式中的一种而已。更常见的是寡头统治，即由一小撮公民（通常是最富有的公民）实施的集体统治。公元前5世纪，一个人拥有独占控制权的"僭主"统治则不那么常见。参与政治生活从其自身来讲是一项美德，这就是为什么哲学家亚里士多德写到"人是政治性动物"。

**相关主题**

城邦　4页
法律　28页
公民　30页
奴隶制度　36页

**3秒钟人物**

克利斯提尼
**出生于公元前565年左右**
雅典政治家，于公元前508年（或507年）重新编排了雅典的宪章，通常被认为是民主制度的创建者

庇西特拉图
**公元前527年去世**
雅典的僭主，以克制的统治闻名，他提升了雅典在海外的霸权，并促进了艺术的发展

**本文作者**

凯瑟琳·哈罗

雅典等希腊城邦发展出不同方式来实施政治权力。

# 法律

## 30秒钟历史

### 3秒钟速览

法律是希腊古典时期成熟城邦（社会）发展的重要基石，为其公民之间的交往建立了约定俗成的基础。

### 3分钟扩展

我们对希腊法律的了解来自铭文，即雕刻在石头上用于向公众永久展示的法律，它们是社会的共同基础。我们还掌握着一百多篇雅典法庭的演讲，它们虽然作为演讲范例被保存下来用于研究目的，但为我们提供了社会历史，以及谋杀、盗窃和强奸（由受害人男性监护人提出）、诽谤中伤和继承纠纷方面记录的丰富史料。

希腊并没有统一的法律体系。几个世纪以来，各个城邦发展出自己的法律制度，但最后都屈从于罗马法律。在古典时期前，各城邦的国王或法官可根据习俗做出口头判决，而《伊利亚特》中就记载了人们和长老旁听"审判"的场景。随着读写能力的出现，书面法律开始被法条化，法律习俗得以固定下来。公元前7世纪和公元前6世纪，伟大的"立法者"们，如雅典的德拉科和梭伦，以及斯巴达的来库古，将各自城邦的法律发展为持续而全面的书面法律制度，这是古希腊古典时期成熟社会的重要基础。"私法"覆盖继承、财产所有权和债务等问题，甚至包括被现代认为是刑事犯罪的行为，并依靠受害者在公诉方不在场的情况下提出诉讼。"公法"规范的问题包括机构、官员和僧侣的行为。诉讼人可以向法官提出诉讼，在某些地方可以向陪审团提出诉讼，控辩双方可提出证人证物并发言。雅典向其由200～1500名志愿公民组成的陪审团支付费用，因此陪审团的业务非常受欢迎。审判是公开进行的，有时候同时是政治和法律斗争，这是城邦运作的组成部分之一。

### 相关主题

雅典和斯巴达　6页
政治和民主　26页
公民　30页
演讲术　76页
铭文　94页

### 3秒钟人物

梭伦
**出生于约公元前640年**
政治家，为雅典建立了法律制度，将法律刻在旋转的柱子上供公众咨询

利西亚斯
**约公元前459 — 公元前380**
法庭演讲作家，他的演讲有34篇存世，而我们所知他写了130多篇

### 本文作者

马修·尼克尔斯

法治是希腊城邦的重要特征，常常在石刻上留下了痕迹。

# 公民

## 30秒钟历史

希腊人发明了公民身份的概念。一个城邦里，不是所有的居民都必然是公民，或者说是该社会的正式成员。公民身份是世袭的，通常基于父系血统，被给予拥有土地和不用纳税的权利，也是通过大众集会参与政治决策的先决条件。公民身份同时还要求为城邦参战的义务。不能获得公民身份的人包括女人、外籍人（包括来自其他城邦的希腊人）和奴隶，他们没有任何权利，只被视为财产。很多城邦还规定了财产资格，意思是只有拥有一定财富的公民才有权参加公民大会或参与决策。

"民主"雅典则与众不同，它允许所有公民即便是非常穷的公民完全参与公民大会或决策。但公元前322年完全民主被废除，于是财产资格预审随之诞生。在斯巴达，正式公民须向集体食堂缴纳钱物。那些不再能缴纳钱物的人便失去正式公民的身份，成为"劣等人"。因此，到了公元前4世纪，斯巴达正式公民的数量越来越少。即使在希腊王朝时期和罗马时期，城邦公民的身份仍然是一项重要且拥有特权的地位。

## 3秒钟速览
只有公民才是城邦的正式成员。公民身份提供了非公民不能享有的重要权利和特权。

## 3分钟扩展
根据定义，希腊某个城邦的公民不是另一个城邦的公民。因此，居住在雅典的科林斯人便是外籍人，他们不能拥有土地，不能把女儿嫁给雅典人，不能参加某些宗教仪式，还须缴纳特别税。雅典的城邦很少给予其他人公民权，这是其与罗马的重要区别之一。罗马逐渐向被其征服的民族人民授予公民权利。

**3秒钟人物**

梭伦
**出生于约公元前640年**
雅典的"立法者"，他将雅典公民按照财产进行分类，给最穷的人一些政治权利

克里斯提尼
**出生于约公元前565年**
雅典政治家，通常被认为是民主的创建者

**本文作者**

蒂莫西·达夫

只有（男性）公民才能完全参与希腊城邦的生活。

**公元前440年代**
米利都的阿斯帕西娅来到雅典，开始与伯里克利的情人关系，并育有一子，名字也叫作伯里克利

**公元前432 — 公元前431年**
对墨伽拉的制裁通过之后，阿斯帕西娅和阿那克萨哥拉旋即因亵渎神明而被指控，可能是对伯里克利的政治攻击

**公元前431 — 公元前430年**
伯里克利在雅典战斗殉难者的公开葬礼上发表悼词。柏拉图后来认为这篇演讲是阿斯帕西娅为伯里克利写的

**公元前429年**
伯里克利去世。阿斯帕西娅同民主政治家利西克斯勒（吕西克莱斯）成为情人

**公元前406年**
被指控在阿基纽塞海战后未能拯救雅典幸存者，小伯里克利同其他五位将军一道受审并被处决

# 人物传略：阿斯帕西娅

# ASPASIA

从公元前440年代到公元前429年伯里克利去世，来自米利都的阿斯帕西娅一直是这位希腊主要政治家的情妇。阿斯帕西娅是公元前5世纪雅典最著名的女人之一，可能还是政治上最有影响力的女人。根据古希腊传记作家普鲁塔克的记载，伯里克利如此钟情于她，以至于为了她抛弃合法妻子。由于阿斯帕西娅不是雅典人，他们俩的孩子无法获得雅典公民身份。普鲁塔克曾写道，在伯里克利所有合法子女均在疫病中丧生后，他曾要求法外开恩，让他和阿斯帕西娅的孩子能获得雅典公民的身份，他的要求得到了应允。

各种古代的资料将阿斯帕西娅描述成"声名狼藉"和"巧言辞令"之徒，将她对伯里克利和其他头面人物的吸引归因于她的"口才"。柏拉图在其对话录《墨涅克赛诺斯》中写道，苏格拉底说阿斯帕西娅曾教伯里克利演讲和修辞学，并代他起草了一些他最为重要的讲话，包括那篇著名的葬礼演讲。喜剧诗人阿里斯托芬则更为离谱，在他于公元前425年成书的《阿卡尼亚人》中，英雄狄卡奥波利斯说伯罗奔尼撒战争的主要原因，是另一个城邦绑架了阿斯帕西娅经营的妓院里的妓女，这导致伯里克利非常生气。应当带着怀疑的态度对待这些轶事，而狄卡奥波利斯的上述说法，很明显是模仿了希罗多德《历史》一书开篇处所讲述的系列女性绑架事件。这些说法同喜剧诗人们的其他攻击言论一起，反倒提供了对阿斯帕西娅被劫持的疑问。谈到阿斯帕西娅的智慧和口才，人们会把她和阿那克萨哥拉等雅典诡辩家联系起来。据说阿那克萨哥拉曾教伯里克利哲学，而他可能同阿那克萨哥拉一道在公元前430年代因亵渎神明而被指控。伯里克利本人曾建议雅典女性"不管是因为美德还是因为受到批评，尽量不被男人们听到其人其事"。毫无疑问，阿斯帕西娅的经历似乎与该建议是背道而驰的。

尽管其生平细节很少被记录下来，阿斯帕西娅仍然作为"情妇"最著名的例子让社会历史学家们饶有兴味。这些情妇作为受过教育、有所成就的女性，与公民中的头面人物们有着长期的风流韵事。情妇们因其为外籍身份或被解放的奴隶而无法同公民结婚。有人曾经指出，这些情妇通常比雅典女性更世故也更有文化，而这种情人关系可能弥补了公民婚姻所缺乏的某种形式的伴侣关系。

凯瑟琳·哈罗

# 家和家庭生活

## 30秒钟历史

家庭是城邦的重要组成部分，通过合法婚姻生育新一代的公民。希腊的家庭既表示作为社会单元的家庭，也表示经济实体。在理想状态下，一个农村家庭包括一位农民和他的妻子、孩子和奴隶，他们在农田上耕作。而在城市里，家庭适用类似的原则，但我们可能会想，真正的生活并不总是与理想相符。这位农民是其家庭之主，在家庭外的政治和经济世界中代表这个家庭。他的妻子，因结婚从她父亲家中来到她丈夫的家中，名义上被限制在家庭范围内，并负责家庭顺利有效的运作。色诺芬的《经济学》告诉读者，一位"绅士"的雅典农夫如何指导他年轻的妻子，这位妻子被认为是"他们共同财产的合伙人"。妻子将管理奴隶和地里的农业生产，将羊毛做成衣服，带孩子，以及照顾生病的家人。儿子们处于父亲的权威之下，直至年长能建立自己的家庭，女儿们则一直待到嫁人。孩子们应照料年迈的父母，安排他们的后事，如此老一辈人便让位于下一辈人。

**3秒钟人物**

伊斯霍玛霍斯
**公元前5世纪**
出身高贵的地主，是色诺芬笔下《经济学》中的一个人物，他对自己年轻的妻子进行指导，从而提供了雅典婚姻和家庭生活的范例

安提丰
**约公元前5世纪晚期**
法庭辩论家，其法庭演讲让我们对希腊家庭的运作有了深入的了解

**本文作者**

马修·尼克尔斯

**3秒钟速览**
家庭是希腊城邦生活的重要基础单位。

**3分钟扩展**
色诺芬认为，一个守本分的妻子应当待在家里，哪儿也不去。但对富有之家的男主人来说，这么做可能反倒会败坏名声。男主人应当在公共生活中发挥作用，包括在家中招待访客和其他公民。酒宴成为城邦生活和家庭生活的重要组成部分，但严格只在家中同女性区域分隔开的"男性活动区"进行。

体面的家庭生活和座谈会都可以成为希腊家庭的一部分。

# 奴隶制度

## 30秒钟历史

**3秒钟速览**
奴隶制度是古希腊世界的普遍特征，被视为人类社会的自然组成部分。

**3分钟扩展**
奴隶中的大多数不是希腊人，他们可能是遭绑架者或战俘，或因犯罪或欠债被罚没为奴，或被绝望的父母卖作奴隶。很显然，奴隶制度为人们所接纳，被认为是事物的自然秩序，即使是最伟大的哲学家也未能对奴隶制度提出稍有系统性的伦理学质疑。成为奴隶，被认为要么是运气不好，要么是本质上劣等性的结果。无论是哪一方面的情况，在那些为我们写下文字记录来源并享有特权的自由希腊人那里，几乎看不到质疑奴隶制的理由。

奴隶制度在古代世界广泛存在，在希腊和其他地方都是如此。自由人和奴隶的显著区别是社会两极化的表现之一。但是，奴隶制度可能难于研究，原因是古代的作家并不认为奴隶制值得仔细讨论，而奴隶们自己则未留下文字记载，留下的考古遗迹也相对较少。各地方的实际情况也不同。雅典可能拥有数量特别大的由私人拥有的奴隶，这些奴隶可以被买卖，而斯巴达则依赖于数量庞大的"农奴"人口。在阿提卡，奴隶的人口占总人口约三分之一。单从奴隶的数字上说，他们是希腊经济的组成部分。有些奴隶在雅典劳赖姆的银矿中辛勤劳作，有些从事农业、工业和家务劳动，奴隶们的辛劳造就了希腊一些最伟大的成就。一小部分幸运的人因其技能得到了慷慨优待和高度评价，受到人们的喜爱，有机会过上某种形式的家庭生活，并最终获得自由，但大多数奴隶的生活就没那么幸运了。奴隶们是法律上受保护的财产而非作为人，当受到虐待时几乎没有求援之门。

**相关主题**
公民　　30页
农业　　38页
贸易和经济　　40页

**3秒钟人物**
伊索
约公元前7世纪—公元前6世纪
据说是流传广泛的寓言的作者，据不可靠的传记声称，他生下来的时候是奴隶

**本文作者**
马修·尼克尔斯

在希腊，奴隶从事大量种类不同的工作，支撑着希腊的经济。

# 农业

## 30秒钟历史

**3秒钟速览**
面对通常不太有利的地形，大部分希腊农业都面临存亡问题，而耕作的策略则关注效率和风险管理。

**3分钟扩展**
与罗马人不同，希腊人并未留下农业方面详细的技术论著。对希腊人来讲，农业生产只需要遵从长期以来的传统，因为农业分布如此广泛，并没有人需要一本指导书。农业方面的作家，如公元前7世纪的赫西奥德和公元前5世纪至公元前4世纪的色诺芬，则更多着墨于农业的美德而非方法，比如在希腊人眼中，好的农民便是好的公民，与四处闲逛的偷懒商人截然不同。

在古希腊，农业并非只是小众的活动。因为大多数希腊人都拥有和耕种土地，如果足够富裕，还会让奴隶替他们耕作。对于比较穷的公民，从事农事仅让他们处于生存的边缘。因为农业产出只够让一家人果腹，他们还得受制于接连的歉收。要了解希腊人的农业生产就要了解希腊的地形。典型的城邦拥有面积有限的可耕种田地，以山为界，山顶不能种庄稼，但羊可在稀疏分布的植被上放牧。降雨量低限制了谷物尤其是小麦的生产，因大麦可以在较干燥的环境中生存，所以大麦面包和大麦粥成为希腊穷人餐食中的主食，小麦则成了奢侈品。肉类也只用于特殊的场合，如宗教节日，因为吃动物肉不能有效地利用动物在出力方面的潜能，最好还是养着动物，利用它们的奶、羊毛以及劳力。农民通常种植一系列的作物，如谷物、豆类、葡萄和树木，而不是专门种植某种作物，这样便降低了疫病、干旱或敌人入侵时作物歉收的灾难性后果。希腊最优秀的农业产出是橄榄，它被认为最能代表农民吃苦耐劳和坚韧不拔的品质。

**相关主题**
公民　　30页
家和家庭生活　34页
奴隶制度　36页
贸易和经济　40页

**3秒钟人物**
赫西奥德
**活跃于约公元前700年**
史诗诗人，歌颂农业和四季流转

泰奥弗拉斯托斯
**约公元前371 — 公元前287**
哲学家，第一个对植物及其种植进行系统研究的人

色诺芬
出生于公元前430年左右，撰写了对话集《经济学》

**本文作者**
艾玛·艾什顿

农业年度的节奏是希腊生活的核心。

# 贸易和经济

## 30秒钟历史

青铜时代克里特岛上刻有线形文字B的石板表明，在迈锡尼文明于公元前1200年左右衰败前，迈锡尼人和其他民族之间就存在路途遥远的海上贸易。随着此后黑暗时期里希腊世界的崛起，新的贸易便成了新型增长的标志。我们早期的文字来源，其服务的对象和有时候的作者本人都是拥有土地的贵族精英，他们通常蔑视以贸易为职业的人。但正是从事贸易的商船将新货物和新思想（如腓尼基字母）带到了希腊世界，使得希腊城邦可以通过购销各自剩余的农业或工业产品而发展起来。谷物、油类和酒类加上商船运来的陶器、金属、奴隶、纺织品和奢侈品在夏季航行季节不停地造访爱琴海和地中海海域。随着时间的流逝，贸易港口成长为希腊城邦同埃及、意大利等非希腊经济之间的贸易中心。雅典在公元前5世纪具有杰出的地位，作为"海上帝国"使其在大海上免受海盗骚扰，从而见证了比雷埃夫斯港成为希腊世界最大的贸易中心，尽管其大部分的贸易是由被称为外籍人的非希腊公民进行的。

## 相关主题

"池塘边的青蛙"
12页
公民　30页
农业　38页
线形文字B和字母
88页

## 3秒钟人物

**索斯特拉特**
**活跃于公元前6世纪晚期**
来自埃伊纳岛的希腊商人。在整个地中海地区经商，这些是从他在意大利伊特鲁里亚格拉维斯卡向阿波罗敬献的刻有铭文的石锚上知道的

**伊苏克拉底**
**公元前436 — 公元前338**
雅典演讲家，其演讲提供了关于希腊生活有价值的见解

## 本文作者

马修·尼克尔斯

贸易，尤其是海上贸易，助力思想、货物和人口在希腊世界和更远的地方传播。

# 神话和宗教

# 神话和宗教
## 术语

**城邦（city-state）** 参见城邦（*polis*）。

**膜拜仪式（cult）** 为神或半神献上祭品、进行宗教仪式和崇拜活动。

**极乐世界（Elysian Fields）** 冥界充满幸福的那一部分，是为英雄尤其是为有功的死者预留的地方。

**史诗（epic verse）** 讲述英雄事迹的长诗，由不断重复的"六音步短长格"构成，可能最初被作为诗的一种口头形式，由荷马这样的游吟诗人吟唱。

**哈迪斯（Hades）** 希腊冥王，也是属于死人国度的名字。

**线形文字B（Linear B）** 音节式书面文字，在公元前1450—公元前1200年用于记录希腊语的早期形式。主要保存于克里特岛和迈锡尼遗址处发掘出来的石板上，大多数为记录货物清单。

**预言家（mantic）** 同占卜和预言相关的人，来自希腊语预言（mantis）。

**奥林匹斯山（Mount Olympus）** 希腊最高的山峰，通常被认为是奥林匹亚十二神尤其是宙斯居住的地方。

**城邦（*polis*，复数*poleis*）** 城邦及其周围的领土是古代希腊世界的基本政治单元，拥有自己的公民组织机构和立法机关。

**圣地（圣所，sanctuary）** 用于宗教目的的封闭区域，专用于祭祀某位神或某些神。圣地拥有用于献祭的祭坛，有时候有神庙，以及给访客和官员准备的其他建筑物，包括用于治疗、举办运动会和与圣地神性有关的其他活动的设施。

**泰坦族（Titan）** 具有巨大力量的大力神一族，他们被奥林匹亚众神推翻。

**僭主（tyrant）** 类似国王的僭主，该词不一定有贬义的意味。

**冥界（Underworld）** 死者所占据的领域，参见哈迪斯。

**吠陀梵语（Vedic）** 与印度《吠陀经》有关的语言。《吠陀经》是印度教古老的经文，于公元前2世纪用吠陀梵语写成。

# 希腊众神

## 30秒钟历史

历史学家希罗多德说，与拥有相同的血缘、语言和风俗一样，信奉相同的神明是希腊人之所以为希腊人的原因之一。这些重要的神明有很多不同的膜拜仪式和神庙。重要的节日如奥林匹亚的宙斯节或雅典的狄俄尼索斯节（又称酒神节或狂欢节），吸引了整个希腊世界的信众。尽管众神居于希腊生活的中心位置，但并不存在中心宗教权威或祭司等级，也不存在某种神圣的经书。各种神谕中最著名的是德尔斐太阳神阿波罗的神谕。这些神谕声称传达了神灵针对凡人询问的回答，但这些神谕却可能晦涩难懂且具有误导性而不灵验的神谕则由神仙代言人的腐化堕落来背锅。人们想象中的众神关心人们对他们的崇拜和享有的特权，但同样普遍具有人性道德。哲学家们针对这样的人性道德是独立存在的，还是取决于神的裁决，进行辩论。无神论并不常见，但也不是没有。例如，公元前5世纪克里西亚斯的话剧《西西弗斯》中的一位演讲者就宣称，众神是由一个狡猾的人发明的，这个人妄想通过在人类身上灌输对神灵监督者的恐惧而消除自己的罪过。

**3秒钟人物**

庇西特拉图
**于公元前527年去世**
雅典的僭主

希罗多德
**约公元前485 — 约公元前424**

克里西亚斯
**约公元前460 — 公元前403**
政治家，诗人

**本文作者**

帕特里克·芬格拉斯

希腊人信奉多位神灵，每位神灵都有其特殊的爱好、利益和责任。

# 英雄和半神

## 30秒钟历史

希腊单词"heros"（英雄）是我们今天"hero"（英雄）一词的词源，荷马用"英雄"一词描述特洛伊战争中威力巨大的战士。这些英雄作为希腊和特洛伊人的主要斗士，常常都拥有作为神的父母，如阿喀琉斯的母亲是忒提斯，萨尔珀冬的父亲是宙斯，而他们自己则是凡人。在《伊利亚特》中，即便是强大的赫拉克勒斯据说也是会死的，这反映了这部诗歌的悲剧性质，强调在人和神之间存在无法跨越的鸿沟。相比之下，在其他希腊文化中，人们相信神的子女和其他神话形象在死后保有超自然的能力，如赫拉克勒斯或狄奥斯库里兄弟（卡斯托耳和波吕丢刻斯）在整个希腊被人们尊奉为神。不是神话形象的真人也会被认作英雄，如沙场战死的战士、新定居地的建立者和成功的运动员都在死后会受到人们的朝拜和献祭。公元前5世纪末，斯巴达海军将军拉山德在活着的时候就受到人们以宗教方面进行的称颂，这便是希腊化时期日益成型的崇拜风俗的早期形式，而在罗马对未亡皇帝的宗教称颂尤甚。

## 相关主题
希腊众神　46页
神话　50页

### 3秒钟人物
拉山德
**于公元前395年去世**
波希战争中获胜的将军

奥古斯都
**公元前63—公元14**
第一位罗马皇帝，在其生前身后都受到包括希腊人在内的罗马居民的崇拜

## 本文作者
帕特里克·芬格拉斯

### 3秒钟速览
希腊人相信，某些强大的逝者的灵魂有在日常生活中帮助或伤害他们的威力。

### 3分钟扩展
英语中"英雄"指的是勇敢、值得人尊敬的个人，但相信希腊英雄故事的人们却常不是这样。公元前492年，一位来自埃斯泰帕拉娥的失败拳手克莱奥迈季斯在盛怒之下摧毁了一所全是孩子的学校，并藏在雅典娜圣地的一个箱子里头，而当箱子被打开时里头却空无一物。德尔斐的神谕于是指示埃斯泰帕拉娥人以祭品来将克莱奥迈季斯奉为"最后的英雄"。

史诗和神话中的英雄形象，乃至一些历史人物，都可被认为是神或如神般受到人们的崇拜。

# 神话

## 30秒钟历史

**3秒钟速览**

希腊神话长期受到欢迎，不光因为它们是激动人心的故事，还因为它们鼓励读者和听众思考人类所处的境遇。

**3分钟扩展**

某个神话不同流传说法之间的区别可能非常之大。所以在关于美狄亚的传说的早期版本中，美狄亚的孩子是被其在科林斯的敌人杀害的，或者是被她自己误杀的。但欧里庇得斯于公元前431年创作戏剧时，让美狄亚故意杀害孩子以惩罚其前夫，完全改变了该神话的影响。现在这个版本为人们所知，而其初次上演的时候肯定是相当震撼的。

神话在希腊文学和艺术中占据了主导地位，众神和英雄们的事迹跨越了从宇宙诞生到特洛伊战争及其余波这段时间。希腊神话没有所谓的"官方版本"，没有任何人可以将其讲述的神话作为唯一正确的版本，而各个作家、艺术家和社群也对神话进行改编，以适应他们自身的文学和政治需要。于是，品达在一首诗中称赫拉克勒斯"身材不高"，称颂这位在身高方面受到挑战的统治者，而斯巴达人则宣称他们领导希腊军队抵抗波斯人的权力，因为他们的前国王阿伽门农在特洛伊战争中就拥有这项权力。神话不但为诗歌提供了极其灵活的核心主题，也为散文提供了基础。神话和历史的区别随着时间变得牢固起来，而希罗多德等历史学家，包括号称自己的《历史》中没有神话元素的修昔底德，常常在神话中寻找历史前情以及当时对事件的解释。人们对神话进行的大规模调查，晚些时候由阿波罗多鲁斯等古代作家进行了编辑整理。阿波罗多鲁斯是现代收藏的先驱。希腊神话对罗马人讲述的故事有着很大的影响，并仍然为现代艺术和文学提供灵感。

**3秒钟人物**

品达
**约公元前522 — 约公元前 443**
抒情诗人，为胜利的运动员和富有的赞助者写下抒情诗

欧里庇得斯
**约公元前480年代 — 约公元前 406**
雅典悲剧作家

**本文作者**

帕特里克·芬格拉斯

神话是讲述神灵和英雄事迹的宏大而灵活的故事，既作为民间故事讲述，也被品达等诗人采用。

# 人物传略：宙斯

## ZEUS

宙斯是天之神，也是希腊众神之王，比所有其他神加起来还要强大。他的父亲泰坦王克罗诺斯听说他的一个孩子将继承他的王位，于是在所有孩子降生的时候就把孩子吞掉。但他的妻子瑞亚用一个石头代替宙斯，并把宙斯偷走藏在克里特岛的一个山洞中。宙斯长大后，取代了他的父亲，将父亲和泰坦人都关在冥界，并释放了自己的兄弟姐妹。

宙斯同妻子赫拉生下了赫菲斯托斯和阿瑞斯。但宙斯并不遵守一夫一妻，他和其他女神也生了孩子。他和玛雅生下了雅典娜，和勒托生下了阿波罗和阿尔忒弥斯。他还和凡间女人生了孩子，如和阿尔克墨涅生下了赫拉克勒斯（海格力斯），和达那厄生下了珀尔修斯。宙斯的后裔们让人印象深刻，其原因可能是宙斯同其他多位英雄和神灵一样已被人们忘记。宙斯的本名事实上非常古老，出现在刻有线形文字B的石板上。公元前2000年至公元前1000年期间，吠陀梵语文献中一位叫作"帝奥斯·皮塔"的神，其名字同希腊语"宙斯·帕特"或"父亲宙斯"的名字极其吻合。

宙斯在希腊文学中扮演着重要的角色。荷马的《伊利亚特》宣称"宙斯的计划将要实现"，但该计划的确切内容和动机仍然是个谜。传统上，宙斯从不出现在悲剧舞台上，但他的目的被认为隐藏在行动背后。索福克勒斯的《特拉斯基妇女》中，观众们看到宙斯自己的儿子赫拉克勒斯被极度的疼痛折磨得痛苦不堪，该剧最后的台词是"没有任何东西不是宙斯的"，让观众们思考宙斯让自己的儿子经受剧痛折磨的原因。奥林匹斯山上宙斯的雕像由雅典雕塑家菲狄亚斯创作，为世界七大奇迹之一，被认为从荷马史诗中描写宙斯摇头让奥林匹斯山晃动的句子中得到了灵感。希腊世界到处都建有供奉宙斯的神庙，而当中建在奥林匹斯的是最为著名的，而奥林匹斯的运动会也是为纪念宙斯而举行的。罗马人的"宙斯"是"朱庇特"，同样来源于印度-欧罗巴语系的天之神。

帕特里克·芬格拉斯

# 仪式和献祭

## 30秒钟历史

### 3秒钟速览

众神和人之间如何维持社会契约？对于古希腊人来说，关键的方式就是献祭，珍贵的牲畜在仪式上被屠宰，提供神灵们所要求的荣誉。

### 3分钟扩展

祭品让神灵开心，但对人来说也有实在的好处。祭品让社群里的人们有难得的机会吃肉，而这个社群工作日满足需要的餐食主要是素食。古代剧作家米南德对此在他的戏剧《恨世者》中有过尖刻的评论，米南德描写带着野餐盒和葡萄酒罐子的人来到祭品前，吃掉最好的肉块，而神灵得到的则是尾椎骨和胆囊。

古希腊的生活受到仪式的约束，这些仪式是象征性的行为，用于维持与神灵的和谐关系。这些仪式的场所包括家中、城邦层面和类似德尔斐的跨区域的圣地。仪式上有游行、唱赞美诗和献祭各种物品、食物和酒。但是可以说，希腊宗教的中心仪式是献上动物祭品。仪式上精挑细选的动物被宰杀，献给特定的神或众神。通常动物是在祭坛被宰杀的，这只动物被挥来的一斧子吓懵然后喉咙就被割开了，之后它的肉被分成具有象征性的肉块，让神灵和人们享用。对我们来说，祭品带来这样一个根本性的疑惑，那就是如果神灵是不死的，为什么他们还需要吃肉呢？大概有两个答案。首先，尽管神灵不死，但神灵会享受动物尸体烟熏火燎的香气，动物尸体在仪式结束的时候经焚烧会升到天上；第二，祭品传递了一种荣耀，神灵对荣耀的渴求同人类是一样的。最伟大的荣耀来自又大又贵的动物，尤其是牛，屠宰这样的动物对社群或个人来说都是经济上的损失，因此它符合祭品这个词的各种意义。

### 3秒钟人物

米南德
**约公元前342 — 约公元前292**
雅典戏剧作家，其传世的剧作告诉我们大量关于古代习俗、信仰和态度的信息

### 本文作者

艾玛·艾仕顿

献祭试图获得神的青睐，祭品包括大大小小的动物。

# 神谕

## 30秒钟历史

我们认为自己周围的世界很容易得到理性的解释，但对于古希腊人来说，情况并不是这样。他们认为，战争和天气，健康和孩子出生等改变生活的事情是由超自然的力量导致的，这种力量背后的机制人们并不清楚。面对这样的不确定性，城邦和个人都要问计于能得到神谕的神殿，在这些神圣的地方，如果正确地接近某位神灵，他会给出启示。著名的神谕圣地包括德尔斐的阿波罗神殿、多多纳的宙斯神殿和勒巴狄亚的特罗弗尼乌斯神殿。在不同的神殿要遵循不同的程序。在德尔斐，据说阿波罗的女祭司皮提亚在从石头裂缝中升起的烟雾的影响下会传递神谕。在多多纳，明显能听到橡树叶子沙沙作响，大锅发出叮当声，圣鸽咕咕叫，但它们是如何发出声音则不得而知。勒巴狄亚可能是最特殊的地方。公元2世纪的旅行家包萨尼亚曾说，那些希望得到特罗弗尼乌斯神谕的人被看不见的力量迅速带到地下室，经历预言的启示，这种启示让他们暂时不能发笑。在所有神殿，作为访客的人都可以访问人类世界之外的世界，这种机会虽然相当宝贵，但也让人感到不安。

**3秒钟人物**

皮提亚
**公元前8世纪—393年**
德尔斐太阳神的女祭司的头衔。女祭司带着桂冠传递神谕

**本文作者**

艾玛·艾什顿

希腊人试图从神谕中得到神灵的线索，如德尔斐的女祭司皮提亚，或诸如鸟儿飞翔等自然现象。

# 泛希腊节日

## 30秒钟历史

**3秒钟速览**
泛希腊节日让来自不同地区和城邦的希腊人集合在拥有相同价值观和宗教信仰的欢庆活动中。

**3分钟扩展**
泛希腊节日表现了泛希腊的团结，只有在人们意识到希腊人在政治上是如何不团结时，才能体会到这种团结的重要性。希腊直到公元19世纪才正式形成国家，而在古代，希腊是由很多各自独立但又互相攻伐的城邦构成。"皇冠运动会"（奥林匹克运动会）期间实施的"停火"让运动会的参与者们能长途跋涉，并在少见的安全和和谐的氛围中进行比赛。

很多的古代社会都因纪念特定的神灵而拥有宗教节日。这些节日是欢乐的场合，也是让集体传统得到加强的场合。但是，只有大型宗教圣地的少数节日才享有"泛希腊的地位"，它们吸引了整个希腊世界乃至其外的人们的参与。这些节日有体育竞技（包括田径、拳击和摔跤）、赛马、戏剧、音乐或这些活动的组合。其中最知名的当属"皇冠运动会"（奥林匹克运动会）、伯罗奔尼撒的尼米亚节、科林斯附近的地峡地区节日和德尔斐的皮提亚节。询问这些节日的参与者他们所能得到的收获，便能最好地了解这些节日。以奥林匹克运动会上全速跑步的运动员为例。他能展示自己的速度和力量、卓越的训练、茁壮的身体（出身好的希腊人非常看重这一点）、高贵的血统以及最后且非常重要的一点，那就是他对于主神的虔诚。奥林匹克运动会的主神是宙斯。如果该运动员获胜，他所在的城邦将共享他的荣耀，而他的胜利将会由品达这样的著名诗人用"颂诗"记录下来而万古流芳。最后，该运动员在参加运动会时，会碰到他的富人朋友，并同他们分享最近希腊世界发生的新闻。

**本文作者**
艾玛·艾什顿

泛希腊运动会遍及整个希腊世界，是现在真正全球性的奥林匹克运动会的前身。

# 来世

## 30秒钟历史

**3秒钟速览**
死亡对于希腊人来说，并不是终结。人们还相信，与死者的联系是可以通过某些仪式来实现的。

**3分钟扩展**
冥界在哪里？希腊世界的各个地方都号称拥有通往冥界的大门，通常都是洞穴或地面上的大洞。最著名的一个是位于伯罗奔尼撒半岛的忒那隆洞穴。据说赫拉克勒斯将冥府的看门狗刻耳柏洛斯从这个门拖出来后变成了他的劳力。但公元2世纪的旅行作家包萨尼亚查看了这个洞穴的凹陷处，发现并没有通往冥府的通道，他感到非常失望。

希腊对来世的信仰最初并不包括道德判断的因素。在早期的史诗中，重要的死者，如荣耀战役中倒下的半神英雄，有可能过上有特权的来世，所在的位置是极乐世界或类似的想象之地，而普通人则要经历冥界的阴森晦暗，但这种区别并不以道德为基础。但到了公元4世纪，伦理方面的内容开始出现，如柏拉图的《斐多篇》写到，好人的灵魂获得了长眠，而坏人的灵魂则带着迷茫在冥界游荡。希腊人相信，死人有着特别的能力和知识，可用正确的仪式加以利用。在荷马的《奥德赛》中，奥德修斯航行到死人的地界，询问先知提瑞西亚斯，但这种超自然的旅行对于普通人来说是不可能的。相反，他们可能来到死者神谕处，同死去的亲属或熟人沟通。不同的死者神谕处，其机制不同，但它们共同的主题是某种向下的地下空间，直至黑暗而令人生畏的地方，最终接近和达到阴暗处。祭品通常也是必需的，因为死者如果未得到满足，可能具有毁灭性和报复心理。

**3秒钟人物**
包萨尼亚
约125—180
旅游作家，为我们提供了传世且最为详细的对古代场所、习俗和神话的描写

**本文作者**
艾玛·艾什顿

希腊人对来世有不同的观点，但极乐世界和冥府的幽暗通常是人们共同的信仰。

文学

# 文学
## 术语

**野蛮人（barbarian）** 希腊语中对非希腊人的用语，与传统希腊人的特征和行为相对。古希腊人认为（通常指非希腊人）野蛮人不能讲希腊语，不能用希腊语进行推理，会发出含混不清的"叭叭"的声音，也不能进行道德评判和自我控制。

**合唱团（chorus）** 希腊戏剧中，一群表演者作为额外的"角色"，表演陈述、唱歌和舞蹈，对发展中的情节给予评价和建议。

**城邦（City—state）** 参见城邦（*polis*）。

**酒神节（Dionysia）** 纪念希腊酒神和戏剧之神狄俄尼索斯的节日。每年3月举行，节日仪式包括悲喜剧、竞赛表演和献祭仪式。仪式上战争孤儿、宗教人士和公民列队游行。

**史诗（epic poem）** 讲述英雄事迹的长诗，由不断重复的"六音步短长格"构成，可能最初被作为诗的一种口头形式，由荷马这样的游吟诗人吟唱。

**小酒神节（Lenaea）** 另一个纪念雅典酒神和戏剧之神狄俄尼索斯的节日。该节日仪式每年1月或2月举办，仪式包括表演公元前5世纪下半叶以来的悲喜剧比赛。

**抒情诗（lyric poem）** 自公元前7世纪起，为希腊三大文学形式之一，其他两种为戏剧和史诗。抒情诗用唱的形式，常常由竖琴伴奏。合唱的抒情诗包括赞颂神灵、统治者或运动员的歌曲，而独唱的抒情诗则通常用于更为人性化的主题，如爱情。

**韵律（metre）** 古希腊诗歌的样式或节奏。古希腊韵律的基本元素是或长或短的音节长度，长短音节的组合构成了样式，样式被认为是不同文学形式的特征。

**城邦（*polis*，复数*poleis*）** 城邦及其周围的领土是古代希腊世界的基本政治单元，拥有自己的公民组织机构和立法机关。

**演讲学（rhetoric）** 公开演讲的艺术，是希腊政治家的一项重要技能，也是精英式教育的重要部分，因为通过演讲进行劝服的"艺术"在政治和司法活动等众多领域中至关重要。

**森林之神萨梯（satyr）** 酒神和音乐之神狄俄尼索斯的同伴，集合了人类和动物的特征。他同狄俄尼索斯一样，都同自我放纵和文化联系在一起。

**酒宴（symposium）** 希腊人在家中举行的宴饮聚会，附带的娱乐活动有饮酒游戏、姑娘们吹奏长笛以及哲学讨论。

**终极目的（*telos*）** 在亚里士多德的哲学思想中，物体存在的目的。

# 荷马和史诗

## 30秒钟历史

荷马是希腊人所说的一位传奇而具有独特天赋的诗人，他歌颂远古时期神灵和英雄们的光荣事迹。他最出名的作品是《伊利亚特》和《奥德赛》，前者讲述了特洛伊战争中希腊伟大战士阿喀琉斯的故事，后者则讲述了另一位伟大的希腊战士奥德赛（奥德修斯）为了见到妻子泊涅罗珀，从希腊世界的边缘经过长途艰苦跋涉回到家中的故事。现今多数学者对一个人完成这些巨作产生了怀疑，认为这些作品的来源应该是几个世纪里口述诗歌的传统。关于它们被记录下来的时间和方式有着相当多的争论。公元前5世纪希腊人认为《伊利亚特》和《奥德赛》之外的很多其他诗歌也是荷马写的。这些诗歌中包括《小伊利亚特》和喜剧诗歌《蛙鼠之战》，前者讲述了特洛伊城因木马计而陷落的故事。荷马因而被视为包含喜剧和悲剧在内的所有文学形式的创始人——文学之父，而《伊利亚特》和《奥德赛》也被称为希腊人的"圣经"。荷马的诗歌，同另一位早期史诗诗人赫西奥德（可能也是并不存在的虚构人物）的作品一道，构成了古希腊文学文化的基础。

**相关主题**

希腊众神　46页
英雄和半神　48页
神话　50页
泛希腊节日　58页

**3秒钟速览**

如今很多学者认为荷马从未作为一个真实"个人"存在过，他是后来的希腊人臆造出来的。

**3分钟扩展**

如果荷马《史诗》并非原创写下来的，那么他们是如何得以保存和传播的呢？这个问题让学者们忙碌了两百年。多数人不认为《史诗》是被人们用脑子记下来的，而更倾向于通过表演中创作的方式，由技艺极其精湛的歌者将一辈辈人传下来的共同记忆里的习语、场景和较长的叙事重新组合。

**3秒钟人物**

荷马
如果真实存在的话，活跃于公元前8世纪下半叶传奇性的诗人，是关于特洛伊战争的诗歌的作者

赫西奥德
活跃于约公元前700年史诗诗人，歌颂神灵的农业和四季的过渡

**本文作者**

凯瑟琳·哈罗

史诗讲述了老谋深算的奥德修斯等伟大英雄，或是赫克托耳和阿喀琉斯等战士的伟大事迹。

# 悲剧

## 30秒钟历史

**3分钟扩展**
山羊剧（萨梯剧）是悲剧的"小姐妹"，不那么有名。只有欧里庇得斯的《库克罗普斯》（"独眼巨人"）被完整地流传下来，而索福克勒斯的《追迹者》约有一半的残本于20世纪初在埃及被发现。萨梯剧因萨梯式的歌队而与众不同，他们半人半羊，他们对酒和性的渴望常常用于喜剧效果。"萨梯"还是酒神狄俄尼索斯的传统追随者。他们在舞台上出现，可能与悲剧的仪式起源有关。

悲剧是希腊各项发明中最成功的一种。悲剧导致了一种世界性文学传统的产生，它将莎士比亚、歌德和索因卡等名字联系起来。悲剧为歌剧和其他艺术形式提供了灵感，影响了哲学观，还被普遍用以描述悲伤事件的特征。我们对希腊悲剧的观点，有一种特别的雅典色彩，原因是几乎所有传世的悲剧代表作都是在雅典纪念酒神和戏剧之神狄俄尼索斯的酒神节上演出的。雅典的观众具有相当大的"忍耐力"。在每一个悲剧展演的日子，观众们就坐着连看三部悲剧，然后接下来是不那么严肃的山羊剧。戏剧节不仅仅是娱乐活动，也是重要的宗教和民间活动。埃斯库罗斯、索福克罗斯和欧里庇得斯是著名的悲剧作家，但他们创作的作品只是在公元前5世纪被搬上舞台的数百个剧目中的一小部分。悲剧中有合唱队，随着各个人物的讲话或对话而改变，而合唱和对话也随着方言和韵律而不同。悲剧描绘了神话时代英雄们的命运，例如特洛伊战争，但埃斯库罗斯的《波斯人》作为一部流传下来的悲剧，讲述的确是历史上发生过的事件。亚里士多德宣称，为纪念狄俄尼索斯，悲剧是从合唱中发展出来的。一些学者却认为，悲剧是公元前6世纪晚期至公元前5世纪雅典人的发明。

**3秒钟人物**
埃斯库罗斯
**约公元前525 — 公元前456**
雅典三位著名悲剧作家中最早的一位

索福克罗斯
**约公元前495 — 公元前406**
雅典悲剧作家，是《俄狄浦斯王》的作者

欧里庇得斯
**约公元前480年代 — 公元前406**
雅典悲剧作家，是《美狄亚》与《酒神的伴侣》的作者

**本文作者**
凯瑟琳·哈罗

观众们欣赏着由佩戴面具的演员表演的英雄和众神的悲剧传说。

# 喜剧

## 30秒钟历史

### 相关主题

泛希腊提节日　58页
悲剧　68页

喜剧、山羊剧和悲剧构成了希腊（雅典）表演戏剧的三种形式。喜剧作家之间的竞争发生在从公元前486年起纪念狄俄尼索斯的酒神节和从公元前442年起的小酒神节。11部由阿里斯托芬创作的戏剧得以流传下来，通常以达到不可思议目标的喜剧英雄为主角，比如骑着一只"屎壳郎"飞到空中将和平带给对战争感到疲倦的希腊人（《和平》，公元前421年），或来到冥界拯救刚刚去世的欧里庇得斯以鼓舞希腊人（《青蛙》，公元前405年）。后者以其合唱队的名字命名，当英雄跨过冥界的河流时，该合唱队向英雄唱赞歌。这些剧中的幽默可能是非常考究的对古代诗歌的模仿，也可能是毫无羞耻的污言秽语，而有时候则两者兼而有之。这些剧还模仿嘲笑当时的知名人物，包括主要的政治人物，极少数情况下还会给出特定的政治上的建议，比如在《青蛙》中，阿里斯托芬敦促恢复一部分被剥夺选举权的公民的政治权利，这项建议让他获得了雅典城邦神圣的桂冠。整个古典时期都有喜剧上演，对罗马的剧作家普劳图斯和泰伦斯有着决定性的影响，并通过他们的影响力一直延续到我们现在的喜剧戏剧。

### 3秒钟速览

喜剧让雅典的观众们能在同一时间强烈地体验到盛大的演出、逃避主义意味和激烈的时事政治评论。

### 3分钟扩展

希腊喜剧被古代学者划分为三个时期，即通常聚焦于喜剧英雄的旧喜剧（公元前5世纪）、与神话讽刺相关的中时期喜剧（公元前4世纪早期）和规避神话、以现实人物关系为基础的新喜剧（公元前4世纪晚期）。在旧喜剧中，合唱团非常重要，通常作为主角的"关键盟友"或"对手"。在喜剧越来越关注演员时，合唱团变得越来越不重要了。

### 3秒钟人物

克拉提诺斯
**约公元前519 — 公元前422**
希腊喜剧作家

阿里斯托芬
**约公元前450 — 公元前386**
雅典喜剧作家

埃乌波利斯
**约公元前446 — 公元前411**
雅典喜剧作家

米南德
**约公元前342 — 公元前292**
雅典"新喜剧"作家

### 本文作者

帕特里克·芬格拉斯

希腊喜剧有粗俗的笑话和服饰，政治讽刺，甚至还有扮成青蛙和鸟等动物的合唱队。

**公元前7世纪晚期**
活跃于莱斯博斯岛（现希腊米蒂利尼岛）

**约公元前600年**
人们普遍认为莎孚逃至西西里岛，带着女儿柯蕾斯进行自我流放

**约公元前3世纪**
以韵律排列的九册莎孚诗集被亚历山大图书馆收藏

**公元前60年代 — 公元前50年代**
罗马诗人卡图卢斯将莎孚诗集的第31段翻译改编为其拉丁文诗的第51首。他还为诗中的女情人取了蕾丝比亚的假名

# 人物传略：莎孚

# SAPPHO

　　莎孚是自古希腊至今少数能留下声音的女性之一，她还是古代世界最受人景仰的抒情诗人之一以及至今最著名的爱情诗人之一。她的九本诗集中只有少部分留存下来，所有诗中只有一首被完整地保存下来，其他都只保留了片段。但她的诗集在过去几百年间因新发现的莎草纸遗迹而得到了丰富，其中包括2014年第一次几乎是完整公布的一首诗。莎孚现存诗歌的大部分是希腊悲剧式的抒情诗或个人诗歌，用于在酒宴之类的场合独奏表演，但一些合唱歌曲的片段也得以保存下来。

　　罗马诗人奥维德认为，莎孚对漂亮年轻女性法翁"追星族"似的爱，让她名垂千古。这种爱导致莎孚从悬崖上跳进爱奥尼亚海而自杀身亡。但她留下来的抒情诗以充满"情爱"的措辞歌颂了女性的美丽，而"蕾丝边"（lesbian）这个词就来源于莎孚的家乡莱斯波斯。莎孚诗歌中最出名的一首，曾由诗人卡图卢斯翻译成拉丁语，并被演讲家朗基努斯在他的论著《论崇高》中引述。这首诗描绘了莎孚看见自己心爱的人有男人在侧时，她感觉受到攻击的身体状态。这首诗作为"性瘾症"的描述被纳入医学史，而在20世纪，它又被精神分析法解释为"反常的"同性恋取向所导致的焦虑的表现。

　　近来，女性评论家不再强调读莎孚诗歌能明白她的感觉和经历，而是强调她所描绘的女性同性恋情欲的世界是如何为大多数古希腊诗歌中的男性气质带来了一种抗衡的力量。例如，她的诗集的第16段为世界上最美的女人之一海伦进行辩护。海伦为了特洛伊王子帕里斯而离开她无可指责的丈夫墨涅劳斯。莎孚歌颂了情欲不可抗拒的力量，赞同荷马对特洛伊战争的描述，不支持其他版本的说法，如斯忒西科罗斯将海伦贬低为次要角色的说法。莎孚诗集中的第一首诗是唯一完整从古代留存至今的诗，采用正式的形式，类似荷马诗歌中的英雄向神灵祈祷、渴望得到帮助的祷告。但在这首诗里，莎孚向爱与美的女神阿芙洛狄忒祷告，请求得到帮助，向蔑视她爱情的女人复仇。她稀疏的诗句、音乐化的语言和吸引人的比喻也吸引了大量现代翻译家，这其中就有包括玛丽·巴纳德、约瑟芬·巴尔默和安娜·卡尔森，她们都有相当出色的翻译版本。

凯瑟琳·哈罗

# 历史：希罗多德和修昔底德

## 30秒钟历史

**3秒钟速览**

修昔底德被视为希腊的政治史和军事史之父，而希罗多德则被视为文化史之父。

**3分钟扩展**

什么是历史？答案各种各样，包括对过去事件的真实可信描述、对其原因的解释和对特殊性而非一般化的调查。希罗多德曾写到"人的行为不会随着时间而黯淡"，而修昔底德却认为自己的工作是对未来的有用指南，因为"相同或类似的事情会再次发生"。这就让"历史"与社会科学一样，对政治和国际关系有了很大的影响力。

西塞罗称希罗多德为"历史之父"，但直到晚一些时候才由修昔底德提供了历史写作的模型，作为对过去历史和军事事件的可信描述。两人都生活在公元前5世纪中期至晚期，希罗多德来自小亚细亚的哈里卡尔纳索斯，而修昔底德则来自雅典。希罗多德用九本书记录了波希战争的历史。他是第一个用"historiê"这个词来描述自己的工作的人，这个希腊词汇含义广泛，翻译过来最恰当的意思是"探究"。他的历史题材背景非常广泛，既包括讲述吕底亚和波斯力量增长的故事，也包括从人种志学的角度描写非希腊人的"野蛮人"，记录本地神话和传统，甚至进行地理方面的猜想，如"为什么尼罗河在夏季会涨水泛滥？"这些都反映他所在的时代里，位于爱奥尼亚的希腊人对哲学和科学问题的关注。修昔底德对伯罗奔尼撒战争的记述则在焦点方面更"窄"一些，强调外交、政治和军事事件，而不记录其他事件。人们通常认为修昔底德和希罗多德提供了相反的甚至是"互相敌对"的历史写作模型，但他们的作品也展现了一些相同点。两者都与伟大的政治和军事强国的崛起相关联，都探寻导致这些强国进入冲突状态的原因。

**相关主题**

波斯人和波希战争
8页

战争　10页

希腊人和野蛮人
24页

哲学：苏格拉底和柏拉图　78页

**3秒钟人物**

哈里卡尔纳索斯的希罗多德
**约公元前485 — 约公元前424**
波希战争方面的历史学家

雅典的修昔底德
**出生于约公元前460年**
伯罗奔尼撒战争中的历史学家和军事指挥官

**本文作者**

凯瑟琳·哈罗

历史学家希罗多德和修昔底德试图解释世界，并探究事件背后的原因。

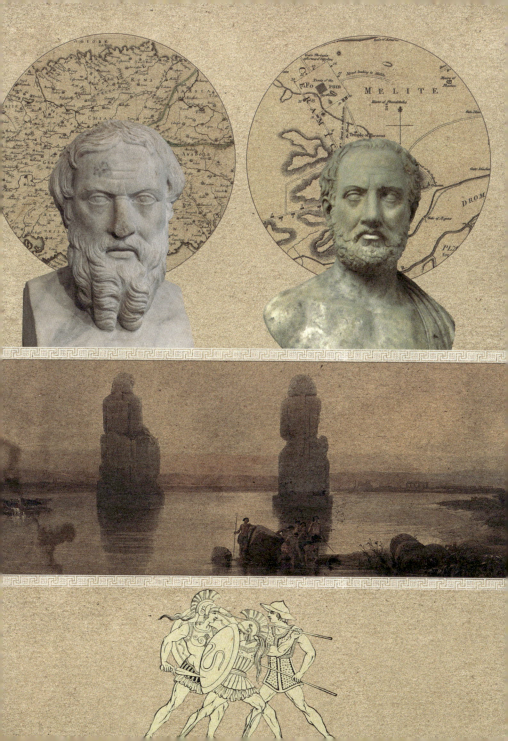

# 演讲术

## 30秒钟历史

在《伊利亚特》中，真正的英雄主义要求一个人"既要善于辞令又要长于做实事"。但直到希腊城邦出现时，在民间场合劝服他人的能力才具有了真正的重要性，尤其是在雅典这样的"民主"城邦里。在雅典城内，任何男性公民都能就公共政策向议（集）会发表讲话，并向法庭提起诉讼，"生死大事"通常是由演讲者的口才决定的。议（集）会上或法庭上的任何主事官员都不能违反规章制度做出裁决，没有任何事情能阻止有能力的演讲者为服务自己目的而煽动起听众的热情。与今天不同，那时的个人代表自己在法庭上发言，于是伊萨乌斯和利西阿斯等职业演讲作家就出现了。公元前5世纪时，对修辞学的研究第一次成为知识学科，并第一次同来自叙拉古的克拉克斯和吕西阿斯联系起来。柏拉图在《高尔吉亚篇》中对修辞学提出了质疑，而亚里士多德则在《修辞学》一书中对修辞学进行了研究。古希腊人发明的修辞学理论，连同职业演讲作家和历史学家记录下来的演讲，对罗马和以后的世界修辞学的发展产生了重要的影响。

**3秒钟速览**
任何希望在自己的城邦里"加官晋爵"的希腊人都得掌握演讲术。

**3分钟扩展**
演讲术仍然是一门模棱两可的艺术，因为讲授演讲学的老师们被指责"只是让较弱的论点看起来更强硬"，而在法庭上进行演讲的人则费尽力气、煞费苦心不承认自己的演说能力。最初"诡辩者"（"Sophist"）和"煽动家"（"demagogue"）都是中性术语，意思分别是有智慧或有技巧的人或对他人有影响力的人，后来却有了现在人们熟悉的负面意思，原因是人们普遍不信任依赖讲话技巧达到目的的人。

**3秒钟人物**
伯里克利
**约公元前495 — 约公元前429**
希腊政治家，对群众集会有很大的影响

高尔吉亚
**约公元前485 — 约公元前380**
西西里岛修辞学家和演讲家，因机灵诡辩而闻名

德摩斯梯尼
**公元前384 — 公元前322**
雅典政治家，利用强有力的修辞斥责亚历山大大帝的父亲（即马其顿王国的腓力二世）的野心

**本文作者**
帕特里克·芬格拉斯

演讲的力量在法律、政治、哲学和戏剧等民众生活的方方面面都非常巨大。

# 哲学：苏格拉底和柏拉图

## 30秒钟历史

柏拉图和色诺芬都记述了苏格拉底之死，这些构成了哲学学科早期的神话。苏格拉底挑战希腊的传统，质疑支撑人类行为的共同价值观。他同任何人进行对话，不管其年龄、自由程度和财产状况。他劝说同他对话的人回答关于真理、虔诚、公正和神性等概念的问题，让这些人意识到自己的无知后而感到震惊。"苏格拉底式"的提问方式只提问不需要答案，他也不记录任何东西，只说他的才智来源于了解到自己的一无所知，这就颇具讽刺意味。用他的话说，"未经审视的人生，不值得度过。"他的学生柏拉图是一位涉猎极其广泛深入的作家和思想家。柏拉图的对话录构成了西方哲学的每一个分支。其中一些对话描述苏格拉底打碎人们的先入之见，其他对话则是柏拉图本人的哲学贡献。这些哲学分支中最重要的一个是看似善良、公平或美好之物同善良、公平或美好等概念上的"理式"间的区别，这种区别可凭理智察觉，但却被世俗的东西掩盖。柏拉图敦促他的读者们通过对"理式"的分析转变他们灵魂不灭的想法，从而过上真正美好且自我实现的生活。他建立了雅典第一个哲学学校——"雅典学院"。

### 3秒钟人物
苏格拉底
**约公元前470/469—公元前399**
西方哲学的奠基人之一

柏拉图
**公元前429 — 公元前347**
苏格拉底的学生、哲学家和数学家

曼提尼亚的狄奥提玛
**公元前5世纪**
或真实或虚构的哲学家和僧侣，他对于爱的艺术的观点构成了"柏拉图爱情"观念的基础

### 本文作者
凯莉·鲁道夫

柏拉图和苏格拉底促成了哲学学科的形成。

# 哲学：亚里士多德

## 30秒钟历史

**本文作者**

凯莉·鲁道夫

### 3秒钟速览

亚里士多德是与柏拉图并肩的知识巨匠。柏拉图理论的范围无与伦比，影响了阿拉伯和西方哲学达数个世纪，并仍然推动者现在的哲学讨论。

### 3分钟扩展

亚里士多德是一个多产的研究者和作家，对他来说，哲学始于"惊奇"。他发明了逻辑，这是一种系统性推理的方法，是科学和哲学探究的工具；还发明了分类学理论，作为他在物理学、生物学、形而上学、心理学、气象学和伦理学方面大量著作的纲要。这两种方法直到现在都对哲学体系产生了前所未有的影响。

亚里士多德的生活和工作是他"形而上学"的观点"求知是人类的本性"的典范。他的父亲是马其顿王国的宫廷医生。他在"学院"求学，一直到柏拉图去世，此时他受雇为亚历山大大帝的老师。他于公元前335年回到雅典，成立了自己的学校"莱森学园"。面对未知事物，亚里士多德说，整套的解释包括回答：①是什么？②是什么做的？③是谁做？④用途（例如其终极目的）是什么？亚里士多德对①、②和④的兴趣是其"变化"理论的核心。例如，刀状的铁可能会变得锋利，被磨刀石磨过后会真的变得锋利，因此通过仔细打磨，铁就实现了其目的论的功能。亚里士多德将这些概念用于伦理学和哲学。他假定多数人希望过上道德和自我实现的生活，他提出了以道德为基础的伦理观，根据该观点利用我们的合理能力，而不是单单聚焦于荣耀和快乐，以实现我们的终极目的。获得幸福是亚里士多德哲学理论的主要目标。对他来说，城邦必须保证其公民繁荣发展。目的论还指导了亚里士多德的《诗学》，在该书中，他声称悲剧的功能是通过净化情绪而进行学习，通过使用诗歌的力量从而观察到一般性的主题，从而达到这一目的。

亚里士多德广泛的成就包括教育年幼的亚历山大大帝，并形成对自然世界的新见解。

语言和学习

# 语言和学习
## 术语

**伊奥利亚语（Aeolian）** 爱琴海中部地区（维奥蒂亚、莱斯博斯岛、塞萨利和现今土耳其西北海岸地区）古希腊人讲的方言。

**阿卡狄亚-塞浦路斯语（Arcado-Cypriot）** 塞浦路斯和阿卡狄亚的中伯罗奔尼撒地区讲的一种早期古希腊语。

**占星家（astrologer）** 从恒星和行星位置来预测未来的人。

**阿提克-爱奥尼亚语（Attic-Ionic）** 古希腊方言群，包含阿提克方言（含雅典）和爱奥尼亚语（包含埃维厄岛、现今土耳其中西部海岸和北爱琴海的部分地区）。可以被认为是标准古希腊语的形式。

**多立克语（Doric）** 古希腊语的一种方言，讲这种语言的地方包括伯罗奔尼撒南部和东部、克里特岛、罗兹岛和爱琴海的一部分。以多立克人的名字命名。多立克也用于建筑风格命名。

**铭文（epigraphic）** 与雕刻及其研究有关。该词来源于希腊语"在表面上写"。

**墓志铭（epitaph）** 纪念逝者的简短文字，可能刻在墓碑上。这个词的来源是希腊语"在墓上"。

**角斗士（gladiator）** 作为一种"娱乐"形式，在罗马斗兽场里打斗的武士。

**体育馆（gymnasium）** 城镇年轻男性接受体格训练和学习知识的地方。这一名字源于希腊词语"裸体的"，其原因是运动员训练和比赛时通常不穿衣服。

**迈锡尼文明（Mycenaean）** 青铜时期晚期希腊世界的文明，跨度为约公元前1600—公元前1100年。以陆地上给人深刻印象的宫殿中心所在地迈锡尼的名字命名，该文明也包括克里特岛和其他爱琴海岛屿上的重要遗址地区。

**莎草纸（Papyrus）** 像纸一样的表面，可以书写，用埃及沼泽植物有髓的根茎加工制成。

**腓尼基文化（Phoenician）** 始于腓尼基海上贸易文化，发源于公元前2000年现今黎巴嫩所在的地中海海岸。腓尼基字母为希腊字母提供了灵感。

**音位系统（phonemic）** 记录人类讲话不可减省的基本发音单元的字母系统。

**象形图（pictorgram）** 代表词汇和短语的图形象征。

**石碑（*stele*）** 竖直安放的石板，用作墓碑的标记、界碑或铭文的载体。

**音节字符（syllabic）** 代表音节（通常为辅音和元音的组合）的书写字符，与音位字符或词汇相对应。

# 希腊语

## 30秒钟历史

**3秒钟速览**

人们对希腊超过三千年几乎不间断的记录，为研究一门语言随着时间的推移而变化，提供了独一无二的机遇。

**3分钟扩展**

希腊语同拉丁语一样，属于屈折语，即名词、介词和形容词根据单词的性（阴性、阳性或中性）、数（单数、双数或复数）和最关键的格（在句子中做动词的主语还是宾语或其他作用）有不同的词尾。动词也根据主语有不同的词尾，同现代希腊语和源自拉丁语的各种语言一样。

作为印欧语系的语言，希腊语同拉丁语、德语、英语、梵文和很多其他语言有共同的源头语言。作为所有已知语言中经受过最多检验的一种，希腊语的书面记录始于公元前1450年，除了在公元前1200年至公元前800年间有中断，延续至今。古典希腊语作为一种语言，有很多相关的地方方言，主要分支为阿提克-爱奥尼亚语、多立克语、伊奥利亚语和阿卡多-塞浦路斯语。从公元前4世纪起，一种"共同"的方言开始出现，但阿提克方言仍保持了相当的声望。在罗马帝国统治下，能讲和书写这种现在看起来古老的方言的人，受到人们的高度尊重。丰富的书面记录为大量各种各样的语言记录者提供了依据。这些书面记录包括莎草纸信件上发现的日常沟通，用铅制成的诅咒碑（铅碑）上发现的故意写上但没有意义的语言，还有官僚形式语言的法律铭文，以及精致的古体诗歌。与印欧语系的传统一样，希腊语从希腊人接触到的民族所使用的语言中借用了词汇，"字母"（"alphabet"）这个词就是个例子，它是希腊人从腓尼基人那里借用来的，其他语言也从希腊语中借用了词汇。

**相关主题**

线形文字B和字母
88页

**本文作者**

帕特里克·芬格拉斯

大量留存下来的书面记录让人们对古希腊语在不同场合下的表达能力有了深入的了解。

# 线形文字B和字母

## 30秒钟历史

**3秒钟速览**
书写能力对于保留记录、传播和保存古希腊人的思想观点至关重要。

**3分钟扩展**
书写大概是迈锡尼时期书吏的专业技能。后来的希腊人掌握了字母，阅读和书写就被用来记录和传播范围更广的思想，包括功能性的文字和文学。现在，大量的人类思想可以跨越长距离甚至跨越很长时间得以传播。越来越多人具有了读写能力，但由于教育仍需时间和金钱的大量投入，所以仍然有很多人不具有读写能力。

希腊最早的书面记录是保存在黏土板上的线形文字B，这些黏土板被发现于克里特岛和希腊大陆的迈锡尼遗址中。这些文字中，对于常用的词汇，如酒、黄金、罐子等有一系列的象形图，但其真正的威力在于数量为89个左右的音位符号，它们可以记录和拼写一个单词，例如"ku-mi-no"拼写出的单词为"kumino"，意思是"小茴香"。留存下来的文字大部分是商品清单和皇宫仓库中的物件。如果迈锡尼人使用线形文字B写字，那么就没有文字可以留存下来。当迈锡尼文明于公元前1200年衰败时，书写的艺术在接下来的"黑暗时代"里被遗忘了。随着希腊世界恢复生机，公元前8世纪左右海外贸易量增加，让希腊人接触到了腓尼基人的字母。腓尼基"词汇"（"alphabet"）来源于其头两个字母"aleph"和"beth"，后来变成希腊字母"$\alpha$"（alfa）和"$\beta$"（beta）。这种无所不能的音位书写系统很适合希腊语。各个地区对其进行了细小的修改以适应各自的方言，但到公元前370年，被称为"东爱奥尼亚语"的版本成了通用语，并记录铭文和诗歌等所有种类的文字。

**相关主题**
希腊语　86页

**3秒钟人物**
亚瑟·埃文斯爵士
**1851—1941**
英国考古学家，他主持挖掘了克诺索斯并发现了大量线形文字A和B的样本，他对这些文字进行了命名

迈克尔·丰特里斯
**1922—1956**
英国建筑师和语言学家，他破解了线形文字B，表明这是希腊语的一种早期形式

**本文作者**
马修·尼克尔斯

线形文字B使用象形图来表示常用的词汇，如黄金和酒，这比希腊文字出现要早好几个世纪。

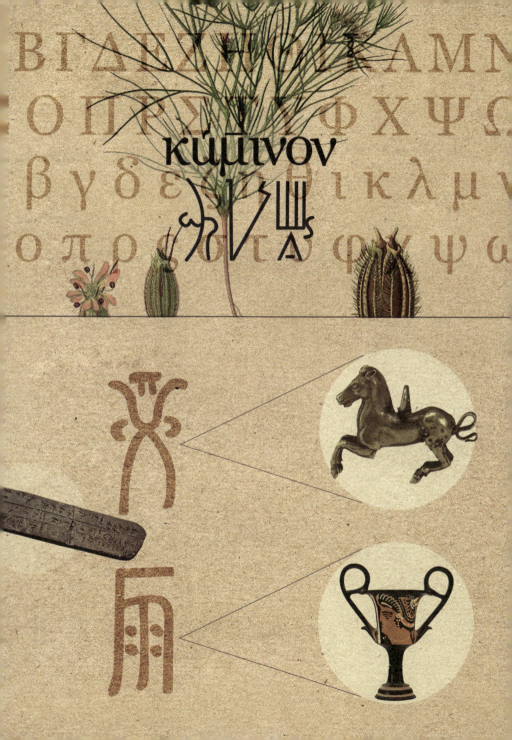

κύμινον

# 书籍和亚历山大图书馆

## 30秒钟历史

现存最早的希腊文字记录位于陶器上，但希腊人很快就开始使用墨水在莎草纸上进行书写，莎草纸是用埃及大量出口的沼泽植物制成的。莎草纸卷轴被广泛描绘于花瓶和雕塑上，到公元前500年左右成为希腊书籍的标准形式。用胶水将一页页的莎草纸粘住，围着一个中心轴卷起来，就形成了易于携带、耐久性和紧凑性比较好的文字书写载体。卷轴书的希腊语词汇为 *"biblion"*，以交易莎草纸的腓尼基城市的名字命名，衍生出圣经（Bible）和参考书目（bibliography）等词汇。卷轴形式的书，其长度通常为1500行左右，可能对作家们作品的大小和分卷产生了影响。到了公元前5世纪，在雅典就有图书交易了。到公元前4世纪，亚里士多德等人依赖大量的藏书从事研究。在公元前3世纪早期，位于亚历山大的希腊国王们建起了著名的亚历山大图书馆。在这里，学者们对重要的典籍进行编修和评论，对（希腊）世界的知识进行比较、编排和分门别类。荷马史诗作为希腊文学奠基性的文字，最初是口述表演的，但书籍在此时就占据了希腊文学和知识的主导地位。

**相关主题**
哲学：亚里士多德
80页
希腊语　86页
线形文字B和字母
88页

**3秒钟速览**
书籍是希腊文学的重要载体，让作（读）者们可以广泛阅读，并将其作品传播给遥远的读者。

**3分钟扩展**
书籍于公元前5世纪的时候在希腊成形了，而我们的证据大部分都来自雅典。书籍常常展示在花瓶上，还用作喜剧里每日生活背景的一部分，喜剧可能从一定程度上使用当时的"文学经典"。作家们甚至嘲笑那些购买他们书籍进行炫耀却并不读书的"假读者"。泛希腊时期晚期的国王们通过比着设立皇家藏书以博取虚名。

**3秒钟人物**
托勒密二世斐勒达奥弗乌斯
**公元前308 — 公元前246**
亚历山大的国王，建立了这座城市伟大的图书馆

卡利马科斯
**公元前3世纪上半叶**
诗人，亚历山大图书馆图书目录的作者，雄心勃勃地对所有希腊文学进行分类

**本文作者**
马修·尼克尔斯

　　莎草纸制成的卷轴式书籍传播和改变了希腊文学，并摆满了图书馆的书架，例如亚历山大图书馆。

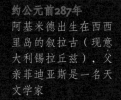

**约公元前287年**

阿基米德出生在西西里岛的叙拉古（现意大利锡拉丘兹），父亲菲迪亚斯是一名天文学家

**约公元前260年代**

阿基米德可能访问过亚历山大图书馆，他同图书馆馆长埃拉托色尼通信

**公元前263—公元前241年**

叙拉古在赫农王二世（约公元前271—公元前216年）统治下，成为反对迦太基的第一次布匿（罗马—迦太基）战争中罗马虽忠实但可能有些犹豫的盟友

**公元前218年**

第二次布匿（罗马—迦太基）战争开始，叙拉古继续提供粮食、军队和资金

**公元前216 — 公元前215年**

赫农王二世去世，叙拉古同罗马失和，倒向迦太基

**公元前213年**

马尔·克劳狄斯领导下的罗马人围攻叙拉古

**公元前212/211年**

罗马人洗劫叙拉古城，阿基米德被杀。据说此前他正在设计战舰上的抓斗机和抛物面镜子，后者可利用阳光摧毁罗马战舰

# 人物传略：阿基米德

## ARCHIMEDES

"我找到了！（Eureka！）"，阿基米德裸着身子在叙拉古的街道上一边奔跑，一边这样喊道。这个场景让世界对心不在焉的科学家有了这样的刻板看法。阿基米德找到的东西是他的朋友兼赞助者赫农王二世交给他的一个难题。这位国王担心他被一位制作精美王冠的工匠给骗了，他想知道王冠是纯金的，还是在里面掺了不那么贵重的金属。称量王冠的重量非常简单，但阿基米德需要测出其体积，才能知道其密度是否正好就是纯金的密度，而对于这么复杂的外形来说，测量体积是不可能的。当阿基米德进入澡盆时，他注意到水从澡盆的边缘溢了出来。他立刻意识到，他可以通过测量被王冠排开的水的体积来测量王冠的体积，这就是"我知道了！"时刻最初的版本。这个发现让他极度兴奋，在大街上奔跑着。

阿基米德得到这项工作的原因，是因为他是一位享有盛誉的博学发明家和数学家。他设立了一座天文馆，发明了一个螺杆装置用于提水，还推广了杠杆的运用。

他的实用型技能在他生命将要结束的时候仍然在发挥作用，那时他正在发明军事机械，打算击退围攻家乡城邦的罗马人。

但古代人认为，阿基米德最伟大和影响最久远的成就发生在数学这个更"崇高"的领域，其中就包括几何学，如计算球体表面积和体积的方法，以及发明研究流动物体特性的方法（即流体静力学）。他还发明了表达特别大数字的系统，这些数字比过去古希腊人所认为的还要大。他撰写的关于计数系统的书叫作《数沙器》，他利用这种方法计算理论上铺满整个宇宙要用到的沙粒的总数。

人们对罗马人洗劫叙拉古城期间阿基米德之死有多种记述。这些记述表明，胜利的罗马指挥官并不想要杀他。普鲁塔克写到，因为阿基米德拒绝停止解一道数学题，一个怒气冲冲的士兵便杀害了他。或者阿基米德之死的原因是他收集的数学工具被误认为是金银财宝。

马修·尼克尔斯

# 铭文

## 30秒钟历史

### 3秒钟速览
历史学家说希腊人"有在碑上刻字的习惯"。因为无论事情大小，古希腊人常会留下事情的书面记录。

### 3分钟扩展
我们不知道有多少古希腊人能或曾经阅读过这些铭文。很难确定他们的识字率，估计识字率不超过20%~30%。但展示铭文有象征性的价值，即将其内容向公众展示是合法性的"保证"，即使人们并不经常停下来阅读这些铭文。

古希腊到处都有公开或私下展示的铭文，它们位于建筑物上，雕塑底座、钱币、罐子和墓碑上，或刻在石头、铸在青铜上，并且毫无疑问的是，那些刻在生物可降解材料上的铭文我们已经找不到了。铭文的种类有很多，从简单的墓志铭到法令、法律、宗教敬献文字以及描述雕塑主题的荣誉性文字等。它们为历史学家提供了非常好的资源，在文字记录信息来源和古代直接传下来的功能性文字之间形成了平衡。这些铭文需要花上一些工夫才能破解，因为它们常常是碎片化的或受到了腐蚀，即便是被完好地保存下来，通常也采用大写字母，没有标点符号或"断字"帮助读者进行阅读。当人们收集和阅读这些铭文时，它们可以告诉我们大量关于古希腊世界的信息，涵盖的主题超出了文字信息来源，或者揭示文字信息来源未曾反映的信息，如数千块普通墓碑上的姓名和简短的生平细节、古希腊法律的运作和结构、宗教场所管理的方式及节日、宗教在民众生活中扮演的角色，运动场的运行、税收和贸易监管、社群是如何尊敬显赫人物的，以及更多的信息。

### 相关主题
希腊语　86页

### 3秒钟人物
泰提库斯
前6世纪
雅典留存至今最早的墓志铭的主人，上面写着"一个好人，死于战火，鲜活的青春消逝了"
奥依诺安达的第欧根尼
2世纪
伊壁鸠鲁学派哲学家，他将一些哲学文字刻在自己家乡长8om的墙上

### 本文作者
马修·尼克尔斯

铭文被刻在钱币、陶罐和墓碑上，或被刻在家庭建筑和宗教建筑上，构成了古希腊生活背景的一部分。

# 数学

## 30秒钟历史

希腊在多个领域对数学做出了长久的贡献。希腊的理论数学家们从一定程度上受到邻近的埃及和巴比伦传统的影响，形成了独特的按步骤有逻辑地对全称命题进行推演式证明的目标。在这方面，古希腊数学家们与现代数学们有相同的传统，而他们在证据、论证和系统性知识探究方面的兴趣也让他们同现代哲学有了联系。古希腊数学的源头对我们来说已不可考，但我们还是知道公元前6世纪数学家们模糊的名字，如泰利斯和毕达哥拉斯。欧几里得的《几何原本》作于公元前3世纪早期，是现存最早的对当时丰富知识传统的综合性书面记录。此书两千年来一直都是标准的教科书，它对平面几何、立体几何、数论、无理数等进行了广泛总结。后来的数学家如阿基米德、阿波罗尼奥斯和托勒密在上述基础上，发展出更为复杂的几何和三角运算，以及处理大数的能力。与此同时，应用数学的成就则包括日晷、水钟，以及建筑学、工程学和制图学。

### 相关主题

人物传略：阿基米德
93页
技术和天文学　98页
柱式样式和大理石
108页

### 3秒钟人物

毕达哥拉斯
**约公元前570 — 公元前500/490**
来自萨摩斯岛的数学家和宗教神秘主义者，被认为发现了集合和音乐中的谐波理论

克劳狄乌斯·托勒密
**约100 — 170**
数学家、天文学家和地理学家

### 本文作者

马修·尼克尔斯

### 3秒钟速览

古希腊对数学界的影响力至今都还能感受到。

### 3分钟扩展

罗马人不如希腊人对纯数学那么感兴趣，但罗马的测量师、工程师和建筑师们依赖应用数学。从公元9世纪起，很多数学著作同医学和哲学著作一道，被翻译成阿拉伯语。

希腊数学家如欧几里得和毕达哥拉斯对抽象数学和应用数学（如天文学）有新的见解。

# 技术和天文学

## 30秒钟历史

研究希腊的工程技术是一件困难的事情。一些古代作家谈论技术进步，但很多其他作家则对手工艺成就不感兴趣或抱有偏见。古代人对于技术及其使用的态度与我们有天壤之别。本应留存下来的技术，只有一小部分以考古遗迹的形式被保留下来了。由于技术相对稳定，奇巧的发明就得以凸显出来，尤其是泛希腊时期战争、扩张和王国竞争中出现的发明。在文字记录中，亚历山大的赫农王对压缩空气、蒸汽和水能提供动力的装置感兴趣。考古发现中有安提凯希拉装置，这架精巧的青铜齿轮装置经还原后是一座天文学的精密机械模型，用于在一系列表盘上显示行星的位置和日食、月食的日期。这种装置同时依赖于关于宇宙运动的详尽的天文学和数学知识，和用精密装置重现这些知识的能力。尽管古希腊技术的特点更多是对现有技术的改进而非技术上的巨大进步，但安提凯希拉装置等令人惊奇的发现还是表明，古代世界的能力可能比我们所知的还要强大。

## 相关主题

贸易和经济　40页
书籍和亚历山大图书馆　90页
人物传略：阿基米德93页
数学　96页

## 3秒钟速览

希腊人有能力取得令人钦佩的技术成就。尽管有些人只在自己的兴趣爱好方面取得成绩，而不能被广泛地采用。

## 3分钟扩展

学者们常说，对发明的改进和普及而非真正的创新，是古希腊和古罗马的技术史的特征。文化或社会方面的障碍，如奴隶劳动力的充裕程度常被认为阻碍了真正的技术变革。但人们最近开展的工作试图将这种从文字信息中传递下来的狭隘观点加以拓宽。该工作的目标是反映一些重要的古代技术革新，以及多座墓碑上所展现的令当时工匠自豪的工艺作品。

## 3秒钟人物

克特西比乌斯
**活跃于前 270年**
亚历山大的发明家，他制作了水钟、攻城的机械和第一个气动装置

亚历山大的赫农王
**活跃于1世纪**
数学家和发明家，他制作了多种装置，包括虹吸管、滑轮和一种类似"玩具"的蒸汽机

## 本文作者

马修·尼克尔斯

安提凯希拉装置是一套令人称奇的复杂精密装置。

# 医学

## 30秒钟历史

**3分钟扩展**
医学知识的较高层次，研究人体状况的本质，甚至接近哲学的范围。人体的组成和功能、疾病的本质和原因及治疗的方法得到了研究。盖伦对希波克拉底文集中的"气质"体系进行了改进，提出身体在血液、黑胆汁、黄胆汁和黏液之间平衡，这四种物质在观念上同四元素（土、空气、火和水）及四季相关。

古希腊世界里有很多种类的治疗方法，包括占星者和解梦者、草药医生和卖护身符的人。但也有被我们视为医学行业的从业者，他们系统性地用药物、手术、为病人制定生活和饮食方式来治疗病人。那时候任何人都可以称自己为医生，也不存在有约定俗成的治疗方法和经培训的有组织的医疗行业。医学知识经常受到质疑，而且随着时间的推移，出现了对立的医学学派。医学标准差异很大，但古希腊世界因其杰出医生的水准而闻名，这就同其他通过训练形成的行业和艺术领域如出一辙。很多医生还教书著书，他们的一些著作同考古发现一道流传下来。希腊文明现存最早的一套医学著作被认为是来自科斯的希波克拉底写的，这其中就包括著名的誓词"不伤害病人或损害他们的隐私"。后来的古希腊医生们在这些基础上进一步发展，他们中最著名的要数盖伦，他一开始是在佩加蒙救治角斗士，后来升任罗马皇帝的御医。盖伦在罗马写了大量极具影响力的著作，其对西方医学思想的影响一直持续到文艺复兴时期。

**相关主题**
哲学：亚里士多德
80页

**3秒钟人物**
希波克拉底
**约公元前460 — 公元前370**
古希腊医学之父，大量医学著作后来被认为是他写的

盖伦
**129 — 约216**
希腊人，罗马宫廷医生，撰写了大量医学文集

**本文作者**
马修·尼克尔斯

盖伦和希波克拉底等古希腊医生发现和改进了关于人体工作机制的复杂知识，包括四种"气质"的理论。

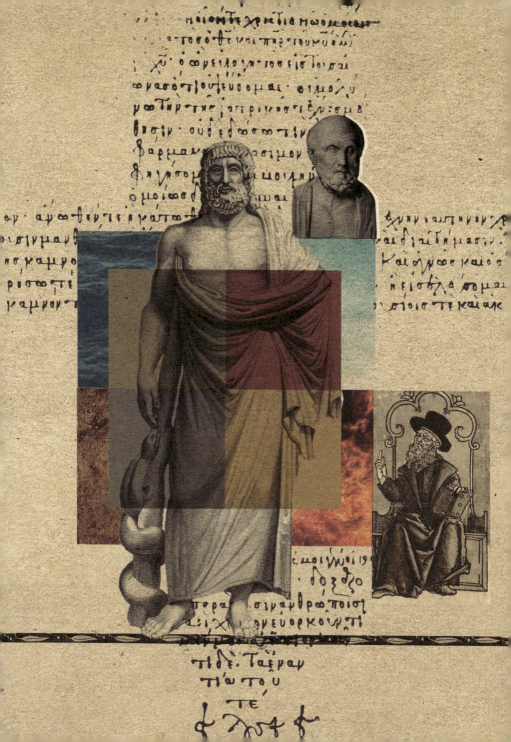

# 建筑学和建筑物

# 建筑学和建筑物
## 术语

**市中心广场（agora）** 城邦里位置居中的开阔区域，人们在这里非正式地聚集，如从事商业活动，有时候也举行某些正式的政治活动集会。就像在雅典，市中心广场旁通常都排列着重要的市政建筑。

**柱顶过梁（architrave）** 位于建筑物的装饰带横楣、飞檐和屋顶的下方、柱子上方的水平梁。

**柱头（captial）** 柱子的顶部，位于上方的过梁和下方的柱体之间的部分。不同的柱头形状是区分多立克式、爱奥尼亚式和科林斯式等建筑柱式的最简单方法。

**半人马（centaur）** 一种神话里存在的形象，拥有人的头和躯干以及马的身子。雅典帕特农神庙的绘画描述了他们同阿庇泰人之间的传奇之战，象征着所谓"文明"和"无序"（混乱）之间的战争。

**合唱团（chorus）** 希腊戏剧中，一群表演者作为额外的"角色"，表演陈述、唱歌和舞蹈，对发展中的情节给予评价和建议。

**用黄金和象牙做成的雕塑（chryselephantine）** 置于木框架上方，可见部分用黄金或象牙制成的雕塑。

**开槽（fluting）** 建筑术语，位于柱身上的凹槽，通常为垂直走向。

**柱上带状物（frieze）** 柱式建筑的柱上楣构的重要部分，位于柱顶过梁上方。柱上带状物的不同装饰是不同柱式建筑类型的重要区别。

**体育馆（gymnasium）** 城镇年轻男性接受体格训练和学习知识的地方。这一名字源于希腊词语"裸体的"，其原因是运动员训练和比赛时通常不穿衣服。

**希腊化时期（Hellenisitc）** 希腊世界"古典时期"之后、罗马帝国统治时期之前的时期。通常其开始时间为公元前323年亚历山大大帝去世，截止时间为公元前31年亚克兴战役。

**赫姆方碑（herm）** 希腊城邦常见的一种雕塑，尤其在十字路口。组成包括方形柱子基础和其上的头像或半身像。被认为是带来好运和驱走霉运的神圣象征。

**正厅（megaron）** 古希腊宫殿建筑群的主厅，是给人印象深刻的柱式建筑的早期形式。

**柱间壁（metope）** 多立克式神庙中，柱子上的带状装饰里随着三竖线花纹装饰发生变化的长方形嵌板。通常有装饰，最著名的例子便是雅典帕特农神庙。

**迈锡尼文明（Mycenaean）** 青铜时期晚期希腊世界的文明，跨度为约公元前1600—公元前1100年。以陆地上给人深刻印象的宫殿中心所在地迈锡尼的名字命名，该文明也包括克里特岛和其他爱琴海岛屿上的重要遗址地区。

**泛雅典娜节（Panathenaic festival）** 纪念雅典城邦保护神雅典娜的节日，每四年举办一次。包括运动会、宗教性队伍游行和献祭，以及诗歌和音乐比赛。

**泛希腊的（Panhellenic）** 字面意思为所有希腊人的。这个形容词特别与古希腊世界四个分别位于奥林匹亚、德尔斐、尼米亚和地峡的重要运动会相关。

**城邦（*polis*，复数*poleis*）** 城邦及其周围的领土是古代希腊世界的基本政治单元，拥有自己的公民组织机构和立法机关。

**市政厅（*prytaneion*）** 城邦内的公共建筑物，其作用是政府所在地、官员的住所、放置神圣的壁炉（祭坛）的地方，以及其他重要的象征性和实用性功能的中心。

**圣地（圣所，sanctuary）** 用于宗教目的的封闭区域，专用于祭祀某位神或某些神。圣地拥有用于献祭的祭坛，有时候有神庙，以及给访客和官员准备的其他建筑物，包括用于治疗、举办运动会和与圣地神性有关的其他活动的设施。

**柱廊（*stoa*）** 用于多种公共用途的有顶的柱廊，通常就在城邦市中心广场的旁边。哲学上的斯多葛学派（Stoic）的名字就是来自雅典一幢柱廊建筑物，其创始人在这里为追随者上课。

**酒宴（symposium）** 希腊人在家中举行的宴饮聚会，附带的娱乐活动有饮酒游戏、姑娘们吹奏长笛以及哲学讨论。

**三竖线花纹装饰（triglyph）** 多立克建筑柱式里，柱上带状装饰中的板状物，其表面通常有以一定间隔排列的竖向槽。人们常说它来自早期木制建筑横梁端部固定格式的表现方式。

**涡形花样（volute）** 螺旋状的建筑装饰，常见于爱奥尼亚式建筑柱式的柱头上。

# 早期希腊建筑

## 30秒钟历史

**3秒钟速览**
从官殿到宗教中心，早期希腊的建造者们用石头建造了引人注目的象征权力和财富的建筑。

**3分钟扩展**
精美的建筑显然是昂贵的奢侈品。尤其是经过修饰的石头，它们需要精巧的工匠、昂贵的运输费用和设备、大量的剩余劳力，以及强有力的中央政权在相对较长的时间里进行设计并控制流程。在迈锡尼时代，国王们履行了他们的角色，荷马称赞像阿伽门农王的城邦迈锡尼这样的城市"建造精美""财资丰厚"。后来，宗教性的圣殿和城邦肩负起了这样的委任和组织角色，建造这些旨在让人留下深刻印象的建筑。

迈锡尼时期，希腊世界重要的宫殿建筑群同时承担着王室居住和行政中心的职责。公元前1250年左右，迈锡尼城墙上狮子门的旁边就是柱子，它是国王在山顶盛大宫殿的象征。这样的宫殿有正厅（也称王冠室）和储藏农产品的仓库。其山顶的城堡拥有用石头制成的环绕城墙、蓄水池和宏伟的王室墓葬。迈锡尼文明衰落后的"黑暗时期"几乎没有留下建筑物遗迹，大多数都是简单的泥砖和木头建造的建筑物。当地中海海路再次打开时，希腊在海外建立了殖民地，并从埃及等邻国文明中学到了纪念碑式的石头建筑物以及必要的采石工艺。到了公元前8世纪和公元前7世纪，希腊人又一次进行大规模的建造，这一次将大多数精力和资金投入到神庙的建造中。因此宫殿文化消失了，但宗教圣殿正成为财富和名誉的重要中心。随着柱式建筑式样发展成为其经典样式，现在已不存在的早期木制神殿，就在公元前6世纪早期先后被规模更大、工艺更精巧的石头和大理石建筑所取代。

**相关主题**
柱式样式和大理石
108页
宗教建筑　110页

**本文作者**
马修·尼克尔斯

迈锡尼宫殿和狮子门等早期希腊建筑是王室权力和威望的象征。

# 柱式样式和大理石

## 30秒钟历史

希腊神庙建筑强健、优雅、比例匀称，在视觉上有着永远的吸引力。这并不意外，因为它扎根于柱式的"视觉规格"中，这种规格便是规定建筑物各个要素的比例和形状的传统。每种建筑样式都由一种柱子及其附带的上层建筑构成，表现为柱子作为建筑物结构将屋顶的重量传递给下部基础。最经常用于希腊神庙的多立克柱式，立体而"充满男性气质"，通常高度为柱子基础直径的六至七倍，柱顶样式简单，其上方有形式简单的水平梁（柱楣）、板壁形式变化的带状装饰以及有凹槽的花纹装饰。人们有时候说，这些元素来自已消失的早期木制建筑。随着时间的流逝，又增加了越来越优雅和装饰越来越多的样式（如爱奥尼亚式和科林斯式）。这种装饰更多的建筑样式的出现，依赖于古希腊世界所出产的优质大理石能被大量供应、相对简单的施工，以及能用锋利的刀进行大理石雕刻等因素。例如，雅典的帕特农神庙很宏伟，部分原因是使用了出产自附近彭特利库斯山的白色透明大理石。

**3分钟扩展**

古代建筑理论家们觉得彪悍的多立克柱式适合伟大的神灵，尤其是男性神灵，而出现较晚的爱奥尼亚柱因因更为苗条，它具有凹槽、曲线和头发一样的"涡形花样"，所以更适合女性神灵。随着时间的流逝，柱式开始用于装饰和结构上的目的，到了罗马帝国时期乃至现代，柱式完全用于装饰目的而没有实用功能。这可能会让古典时期的希腊建筑师疑惑不解。

多立克式、爱奥尼亚式和科林斯式等不同的柱式构成了很多古希腊建筑的基本"单元"。

# 宗教建筑

## 30秒钟历史

希腊神庙以及其柱子和倾斜的屋顶，是古典时期最持久的形象之一。这些数量庞大的石头建筑象征着宗教的重要性和财富。但是，神庙作为容纳神灵雕像和财富的殿堂，只是希腊世界众多宗教建筑物中的一个特点而已。这些宗教建筑，供奉着某位神灵，有被围墙包围的神圣场地和一个用于献祭的祭坛。在围墙之内，可能会有一座神庙，在这里进行宗教献祭、为神灵开展相应的活动、并进行其他活动，如一眼圣泉、一处剧院或一个治疗病人的场地。一些规模较大的宗教圣地还是很多希腊城邦进行普通集会的场所，因为这里不光有宗教建筑，还有体育馆、金库和其他公共建筑。这里所说的特殊的宗教圣地包括德尔斐供奉太阳神阿波罗神谕的圣地和供奉宙斯的奥林匹亚山。上述两处地方，同尼米亚和科林斯的地峡地区都是举行"泛希腊"运动会的地方。敌对的城邦和他们的统治者逐渐用精致的建筑填满了这些神圣的地方，假借向神灵虔诚献祭的方式来表达其权力。

**3秒钟速览**

在古希腊世界里，宗教场所具有极其重要的意义。它们不光用于崇拜，也是集会和运动比赛的场所。

**3分钟扩展**

宗教圣地可能是简单的自然场所，如一眼泉水、一处洞穴或一片小树林。但一些宗教圣地的名声和权力让这些地方变得特别富有而"世故"。例如，一个城邦或一位统治者在开展任何活动如宣战之前，会问计于德尔斐神谕的女祭司皮提亚。上面这些人再加上普通的个人请谕者，让德尔斐在几百年中有了极大的权力和财富，这在其大量宏伟建筑的遗迹中仍然可以见到。

**相关主题**

希腊众神　46页
神谕　56页
泛希腊节日　58页
柱式样式和大理石
108页

**3秒钟人物**

伊庇鲁斯的皮洛士
**公元前319 — 公元前272**
在多多纳重修了宙斯殿，作为彰显其权力的政治姿态

**本文作者**

马修·尼克尔斯

德尔斐等古代宗教圣地用古希腊建筑的理性和样式装点着宏伟的自然之地。

# 人物传略：菲狄亚斯

## PHIDIAS

包萨尼亚和普林尼等古希腊评论家认为菲狄亚斯是古典时期最优秀的雕塑家，后来的艺术家们也从菲狄亚斯处寻找灵感，尽管确定是由他创作的雕塑并未流传下来。雅典是菲狄亚斯的故乡，他主要以在雅典处于权力和财富高峰时创作的作品而出名。菲狄亚斯的父亲哈米尔德是一位雕塑家，他本人也是政治家伯里克利的朋友。雕塑在以前曾是雅典向神灵和英雄表达敬意的产物。由于菲狄亚斯所处的绝佳地位，他有能力将这座城邦的财富、权力和宏大用雕塑这样的永久性方式进行展示。

菲狄亚斯被任命为雅典卫城供奉少女雅典娜的大型神庙（帕特农神庙）所包含的雕塑工程的负责人（公元前447—公元前438年）。他设计的这项富丽堂皇又风格统一的装饰工程中就包含著名的柱间壁，上面的装饰有神秘的阿庇泰人和半人马的战斗场景，有宏大的泛雅典式的游行带状装饰中楣，还有屋顶山墙上的雕塑群。他还创作了高达12米的雅典娜·帕特诺斯雕塑，这尊雕塑就坐落在神庙内部，不过她很早以前就不存在了，但因她在古代非常出名，所以关于她的详细描述及缩微版本（如左图所示）让我们能确切知道她的外貌。这是一尊用黄金和象牙制作的雕像，是雕塑中最为知名也最为昂贵的种类。它有一个木头制成的框架，雅典娜胳膊上的肌肉和头部都用象牙雕成，而她带有褶皱的衣服则是用超过一吨重的黄金制成的。这尊令人敬畏的雕塑，不光是对雅典娜女神的敬意，也是对她保护的这座城市的敬意。

因涉嫌财务丑闻而离开雅典的菲狄亚斯还在其他地方创作了雕塑作品，其中最著名的便是坐落于奥林匹亚山的巨大宙斯雕像，这是古代世界的奇迹之一。在这里人们发现了他的雕塑作坊的遗迹，于是在钱币和瓶画之外，又增加了关于该塑像及其形象的文字描述。

对于菲狄亚斯之死众说纷纭。普鲁塔克说，菲狄亚斯因被控挪用公款而死于狱中，这可能是因他与伯里克利很亲近而遭政治构陷，但裴洛科鲁斯则认为菲狄亚斯在完成宙斯雕像后被人所杀。但他的影响力仍存在于他的学生，以及古典时期下一代雕塑家的作品中，还存在于遍及古罗马和古希腊无尽的雕塑复制品中。

马修·尼克尔斯

# 城镇

## 30秒钟历史

### 3秒钟人物

米利都的希波达莫斯
**公元前5世纪**
古希腊著名的城市规划
师，因网格状的规划布
局而闻名

### 本文作者

马修·尼克尔斯

雅典在公元前5世纪时，居民数量就达到15万人至20万人。走近雅典这样的城邦，来访者可能会从农田穿过城边面积巨大的凯拉米克斯公墓。城墙上的城门于公元前478年波希战争结束后旋即建成。穿过这道门，来访者会来到弯弯曲曲不规则的街道，街道上堆满了泥土或砾石，沿着排成一列的有瓦片屋顶的土砖房。来访者在这里或那里会看见神庙，而在十字路口更会看见赫姆方碑上的男性雕塑（"赫尔墨斯"）。在城邦的中心，有称为"市中心广场"的中央公共空间，它是城里的广场、市集和举行各种公共仪式和事件的场所。宗教建筑则包括神庙和祭坛，位于市中心广场的边缘或俯瞰城邦的卫城里。古希腊的很多其他城邦都具有这些基本的特征和不规则但有机的格局。新殖民地城市的建立者们有机会尝试更中规中矩、更具规划性的布局。相交成直角的街道网络拥有更为有序、更为规则的公、私建筑的标准组合，这在古典时期晚期和泛希腊时期尤为常见。

### 3秒钟速览

尽管单个纪念建筑物具有强有力说服力，但古希腊城邦的布局和街景也能告诉我们大量关于城邦的信息。

### 3分钟扩展

城邦公共领域的基础设施如街道、供水设施等能告诉我们大量关于城邦居民在社会和政治方面优先关心的事情。新建的城镇采用了常见的网格状规划设计，不光因为它们象征着秩序和理性，还因为它们布置起来相对简单直接，对于潜在的定居者来说代表了显而易见的公平性。后来在泛希腊时期各个王国的宏伟首都，民用规划和建筑都达到了让人炫目的高度，从而影响了最终将他们征服的罗马人。

希腊城邦无论是采用"有机"且毫无规划的布局，抑或是规则的网格布局，通常都具有其希腊生活方式所需的类似的基本特征和建筑物。

# 住宅和宫殿

## 30秒钟历史

**本文作者**

马修·尼克尔斯

**3分钟扩展**

家揭示了社会的结
构。"法庭上的演
讲"表明为不同目的
和不同家庭成员设
立有区别的空间很重
要，尤其是当家里还
有奴隶和处于家庭核
心之外但依赖于家庭
生活的成员时。家还
是经济单位，将家庭
的农产品加工成油
料、羊毛或面粉。色
诺芬的《经济学》
（经济学一词最早的
意思是管理一个家
庭）则讲到家庭主妇
们从事纺织生产和监
督家庭奴隶工作。

同任何其他地方一样，古希腊的住宅根据当地的气候和建筑材料、所有者的地位和财富以及时尚的变化而不同。但相当稳定而典型的古希腊住宅设计是可以从奥林索斯等地的发掘和文字来源中识别出来的。这些有一两层楼的住宅为私人所有，向内看，房间都通向一个小小的庭院，通常这里有水井或者蓄水池，仅有少量的窗户或门朝向外部。多数房屋是由简单的泥砖筑成，墙壁使用石膏抹面或加以绘制，而地面则是夯实的泥土。通常男人的房间都有最好的装饰和家具，这里是接待酒宴宾客的地方。屋里的其他房间则是女人的区域以及自由人和奴隶睡觉的地方。更有钱的人家的房屋有更好的装饰和更奢华的家具，包括卵石铺成的镶嵌式的装饰图案和质量更上乘的墙壁绘画，甚至还有大理石柱子，以及罗马帝国时期希腊大城市里的水景。而最宏伟的住宅则是泛希腊时期各个国王的宫殿，这里纪念性的建筑和宴会厅有一部分灵感来自亚历山大大帝在征服波斯和埃及的过程中看到的景象。

古希腊的住宅有很多功能，从简单的农产品加工到展现奢华和进行娱乐。

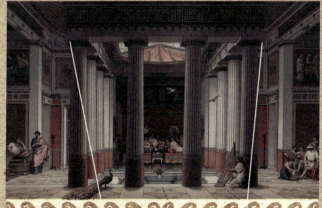

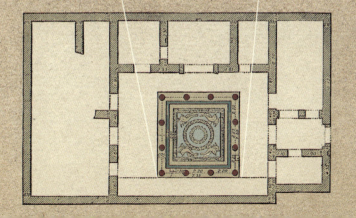

# 市政建筑

## 30秒钟历史

### 3秒钟速览

古希腊城镇和城邦特别希望拥有一系列引人注目的市政建筑。

### 3分钟扩展

有着高度自尊的古希腊城镇需要住宅和商业场所之外的建筑。包萨尼亚批评一个叫作帕诺佩斯的城镇时说，"没有政府办公场所，没有体育馆，没有剧院，没有市场，没有为喷泉提供补给的泉水，只有居住地的地方就不能被称为城市。"一系列市政建筑物让镇上的人们在城邦集体活动时聚集起来，并展现城邦的繁荣和成熟。

古希腊的各个城邦依赖的民用活动空间来完成日常功能，并实现它们身份认同感。最简单的民用活动空间为市中心广场这样的聚会场所，如雅典或普尼克斯，但也有多种专门的建筑样式。古希腊建筑的柱形样式首先出现在神庙中，这种建筑形式总能经过改良应用于其他种类的建筑。随着时间的流逝，在希腊各城邦以及罗马帝国时代的雅典，中心的公共和商业空间的周边被市政建筑物环绕和填满，这些市政建筑物包括造币厂、泉水房、市政厅、档案馆、法官办公和就餐的大厅等。一种非常重要的民用建筑形式是柱廊（stoa），它通常是四方形有顶的建筑，一层或两层楼高，在一个面上有开阔的柱廊。这种样式适用于多种功能，如司法和政治活动以及哲学教学。哲学里的斯多葛学派（Stoic）就是以柱廊命名，其创立人芝诺在雅典有绘画的柱廊建筑中为学生授课。泛希腊时期各国王治下的城镇将这种单个建筑物的松散组合升级成为更有系统规划的群组，包括庭院、平台和柱廊，常常具有令人震撼的视觉效果。这些城邦给罗马征服者留下了深刻的印象，从而对古罗马建筑产生了巨大的影响。

### 3秒钟人物

包萨尼亚
约125—180
作家，他对古希腊城镇的描写是珍贵的信息来源

### 本文作者

马修·尼克尔斯

长柱廊等元素以及使用切割的石头让最宏大的市政建筑具有了独特的外观。

# 休闲建筑

## 30秒钟历史

**3秒钟人物**

品达
**约公元前522 — 公元前443**
抒情诗人,他让古代奥林匹克运动会的部分获胜者名垂青史

**本文作者**

马修·尼克尔斯

**3秒钟速览**

古希腊城镇的居民建造了休闲建筑场所,也建造了宗教和政治建筑。

**3分钟扩展**

罗马人继承了古希腊人对剧院的热爱,并进行了修改以符合他们自己的口味。古希腊世界中的很多剧院建筑在舞台后方都有着高大且装饰精细的墙壁,并将乐队演奏处缩减为半圆形。一些剧院甚至进行改造来进行武士角斗或水上项目,这无疑是罗马人曾经来过的确切证据。古希腊的体育场和体育馆分别为古罗马奢华的浴室和马戏团提供了灵感,经过改良形成了古罗马以"面包和马戏团"为乐的城市文化。

古希腊人发明了戏剧并热爱戏剧。参加观看一场演出,可能就是戏剧节的一部分,这将城邦的很大一部分人集合在一起。遍及古希腊世界的大量地方,即便是相对不发达的城镇,也都有令人印象深刻的石头剧院的遗迹。投入在这些建筑物上的劳力和材料便是戏剧重要性的强有力证据。古希腊的剧院建筑物通常有马蹄弧形的座位布局,稍稍超过180°,背靠在自然的山坡上。座位分成行,由泥土或木头制成,后期更为精美的剧院里的座位则是由经过修葺的石头制成的。比这些座位地势低一些的是环形的乐队演奏处,在这里歌舞团进行舞蹈和歌唱。而在乐队演奏处的后方,则是地势更低的木制舞台,而舞台后方是"简单"的背景。其他可能也被我们称为休闲场所的古希腊建筑物还包括长长的U形运动场,用于田径和击剑赛事,之所以这样命名的原因是体育场的长度为一个"斯塔德"(古希腊长度单位,约180米)。而更大的体育场,如位于运动会发源地奥林匹亚山的体育场则可容纳数千名观众。体育馆则是摔跤、锻炼和体育训练的场地,并不仅仅是为了休闲的目的,更是城邦内年轻男性成长的一部分。

休闲对古希腊人的重要性表现为他们专业化的剧院和体育场。

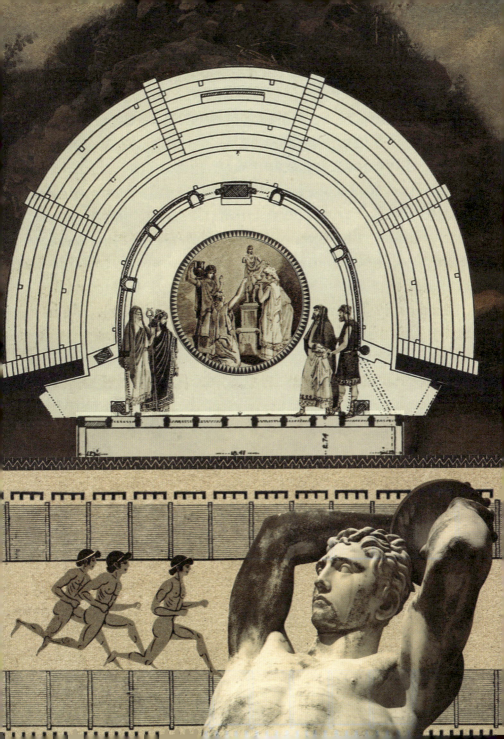

艺术

# 艺术
## 术语

**双耳瓶（*amphora*）** 拥有两个手柄的罐子，用于油、酒和其他物品的存储和运输。其形状上的明显变化帮助人们识别现存双耳瓶的年代、起源和用途。

**阿塔利德王朝（Attalid）** 泛希腊时期约公元前282— 公元前133间统治别迦摩的王朝，是重要的文化赞助者。

**巴洛克（baroque）** 一种精致的艺术和建筑风格，特点是丰富的装饰。该术语用于17世纪晚期和18世纪的宏大复杂建筑。

**棺椁墓（chamber tomb）** 拥有存放尸体的棺椁的坟墓，通常是价格和身份都较高的墓葬方式。

**石棺墓（cist tomb）** 一种比棺椁墓简单的墓葬形式，由尺寸较小的石头制成的"盒子"盛殓尸体。

**多立克式（Doric）** 古典时期主要建筑样式中，最古老和最简单的样式，由带有简单柱顶的有凹槽柱子和相对简单的柱顶楣构所组成。

**几何纹样（Geometric）** 公元前9世纪和公元前8世纪制作陶器的一种装饰风格。特点是拥有大量的由线条、曲线、折线和其他形状组成的简单"几何"水平装饰带。

**爱奥尼亚式（Ionic）** 古典建筑中地位居次的主要柱式。其柱子在比例上比早期的多立克柱式更为细长，并有截然不同的柱头，其角落处有螺旋状的花样。柱顶形式更为自由，通常装饰也更为繁杂丰富。

刻赤风格（Kerch style） "红绘"瓶画的晚期形式，可追溯至公元前4世纪，拥有一些白色绘画的元素。以黑海畔的"刻赤"命名，因为在刻赤发现了数个这种类型的花瓶。

年轻女性雕塑（kore） 独立式的年轻女性或女性神灵的古代雕塑，通常有精细的布料褶皱和头发。

年轻男性雕塑（kouros） 独立式的裸体年轻男性或男性神灵的古代雕塑。

长柄勺（kyathos） 一种陶瓷制的容器，容器底部较浅而柄较长。

帕罗斯大理石（Parian marble） 产自帕罗斯岛的纯白大理石，在古代雕塑中享有盛誉。

原型几何式（Protogeometric） 古希腊黑暗年代末期拉坯陶器的早期形式，出现在公元前约11世纪。特征是简洁抽象的装饰带和圆形图案。

圣地（圣所，sanctuary） 用于宗教目的的封闭区域，专用于祭祀某位神或某些神。圣地拥有用于献祭的祭坛，有时候有神庙，以及给访客和官员准备的其他建筑物，包括有用于治疗、举办运动会和与圣地神性有关的其他活动的设施。

石碑（stele） 竖直安放的石板，用作墓碑的标记、界碑或铭文的表面。

三脚鼎（tripod） 用作支座或者容器的三角支撑，与古希腊圣地紧密相关，在这些圣地三脚鼎通常被作为祭品。

# 视觉文化

## 30秒钟历史

古希腊的视觉文化在宗教中最为显著，圣地内随处可见大小、风格和材料各异的雕像。从公元前6世纪起，视觉文化已渗透到生活的其他多个方面。神和英雄的形象装饰着建筑空间，公共法令被刻在石碑上，以及金属和陶瓷制成的容器上，甚至是家具、珠宝和餐具之上。艺术家们创造了人类以外实体的化身，以节日特色和地方特色的形式，达到说教的目的，还将它们同寓言中的英雄和神互相组合起来。瓶画画家们在花瓶上装饰以日常生活中的形象，如运动员、饮酒者、洗浴者、卖家和顾客、工匠和劳工，这被称为"样式"场景。一些形象讲述了历史和文学上发生的事件，戏剧场景则兴盛于南部意大利出产和绘制的花瓶上。但人们很少能记住这些物品的作者的名字，他们是装饰师、技师和工匠。而在雅典的民主社会中，有些少数作者甚至是公民。民主时期结束后，一些艺术家在王宫中享有较高的地位。在整个泛希腊时期，对艺术的投入增加了，人们对过去的艺术家的学术兴趣也增加了，对艺术成就的记录也变多了，于是出现了（被记录下来的）菲狄亚斯和利西波斯等著名的艺术人物。

**相关主题**

瓶画　130页
古代雕塑　132页
泛希腊时期的雕塑
136页
金属制品和首饰
140页

**3秒钟人物**

雅典的菲狄亚斯
**活跃于公元前460年左右—公元前440年**
雅典雕塑家，帕特农神庙的艺术负责人

锡西安的利西波斯
**活跃于公元前340年左右—公元前320年**
亚历山大大帝时期的宫廷雕塑家和肖像画画家

**本文作者**

艾米·C.史密斯

雕塑、绘画、陶器、金属制品和艺术品，不论是宏大还是精细，均展示了古希腊对各种形象的迷恋。

**3秒钟速览**

视觉文化在古希腊的生活中无处不在，尤其是在宗教领域，表现方式为宗教塑像、建筑雕塑和虔诚的祭品。

**3分钟扩展**

雅典立法者的"反僭主"法令可追溯至公元前337或公元前336年。该法令被刻在一块石碑上，其上方有一幅显眼的图画，画中"民主之神"的女性化身德谟克拉西为人民的男性化身、长有胡须的德摩斯带上皇冠。德摩斯的形象在雅典多达32幅这样的石碑上被发现，其中大多数来自公元前4世纪，其中有四幅直接刻上了铭文。

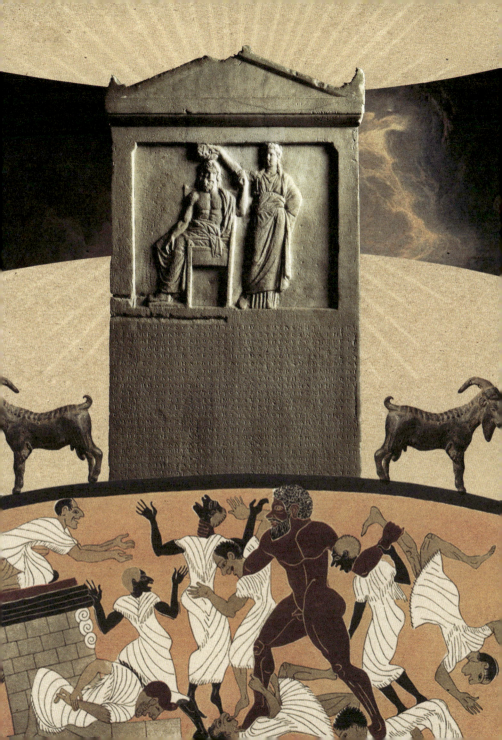

# 陶器

## 30秒钟历史

**3秒钟速览**

陶器是古希腊数量最为庞大丰富的物品证据。在没有钱币和铭文可确定年代的情况下，陶器是为考古发现确定年代的基础。

**3分钟扩展**

雅典人为他们的陶器感到自豪，认为是他们的保护神雅典娜发明了陶器的拉坯方法。不过，其他的希腊人取笑雅典人用陶器而非金属杯饮酒。一些雅典出口的陶器模仿了金属的外形，例如尼克斯提恩制作的双耳瓶和长柄勺，其他的陶器则装饰以肋状装饰、冲压花纹和金属釉（在非常高的温度下烧制），使其看起来像金属。

对陶器的分析让我们能够重构社会的运作，如贸易路线，并能确定考古发现的年代并对其进行研究。开口形状的陶器用于混合、盛装酒食，而封闭形状的陶器则用于储存和运输。大的花瓶也被用作墓碑，而许多陶罐则具有宗教用途。人们从公元前7世纪时就知道烧制的黏土罐子，但制陶者的拉坯工艺则早在公元前2400年的青铜时期的早期就在希腊大陆得以使用。从原型几何时期（公元前1050 — 公元前900年），陶器的外形变得越来越细长和匀称。装饰也得到了改进，更好的釉质和曲线样式也同外形相得益彰。接下来一直持续到公元前700年的"几何时期"，见证了用于装饰的人物形象的出现。学习东方文化，对古希腊艺术家在形状、装饰和工艺方面的影响是东方化时期（公元前8世纪 — 公元前7世纪）的特点，科林斯人以其黑色人物装饰的花瓶占据了市场。当雅典在公元前6世纪下半叶居于领先时，雅典人引进了"红绘"的装饰风格，后来又经改良适应了南部意大利材质的形状和装饰。泛希腊时期（公元前4世纪—公元前1世纪）的陶器装饰性较强，如采用了多色、雕刻和浮雕装饰。

**相关主题**

视觉文化　126页
瓶画　130页
金属制品和首饰
140页

**3秒钟人物**

尼克斯提恩
**活跃于公元前540年左右 — 公元前520年**
雅典制陶者，因在至少129件花瓶上签名而闻名

**本文作者**

艾米·C.史密斯

在古希腊制陶者精巧的手中，简单的泥土可被转变成漂亮而实用的容器。

# 瓶画

## 30秒钟历史

### 3秒钟速览

古希腊及其殖民地的工匠们在公元前1000年左右至公元前300年，用各种人物形象装饰装扮精美的陶制花瓶，使用了"黑绘"和"红绘"形象的工艺，还使用了在黑色、红色和白色表面上使用彩色黏土片的多色背景。

### 3分钟扩展

古希腊花瓶上的"绘画"本质是悬浮于水中富含铁质的细颗粒黏土浆。画家们将黏土浆粘在任何他们希望让瓶子变黑的地方。经过三阶段的烧制过程，粘有黏土浆的部分保持黑色，花瓶底层的黄色或红色就显示在未粘贴黏土浆的表面。"黑绘"画家通过雕刻形成立体感及其他方面的细节，而"红绘"画家则使用黏土浆线和黏土浆团作画。

从公元前1000年左右到公元前300年，讲希腊语的人们用动植物、神话、传说和日常生活的形象来装饰精美的黏土花瓶。很多艺术家用几何式风格装饰器具，这种风格因其笔划形状、有角度的形象和几何花纹命名。从公元前8世纪中期起，工匠们开始用得到东方灵感的植物和动物以及当时的战士和其他神话形象来装点花瓶。"黑绘"形象工艺因切割和小块彩色黏土的装点而使有轮廓的暗色形象栩栩如生，从而占据主流地位直至公元前520年代，此时希腊人进行试验，导致了"红绘"形象的产生。这种新工艺让画家们能用四分之三视角法表现形象，并引发了下一个世纪对透视、透视图和明暗法的进一步尝试。在公元前6世纪末期，艺术家们争相表现自然主义的人物形态，出现了一种通过在白色之上使用金色和其他颜色增强效果的绚丽样式。在公元前4世纪，流行于东方的"刻赤"风格花瓶在这些工艺的基础上又增加了浮雕装饰。古希腊西部殖民地尤其是南部意大利的红绘风格经改良，适应了当地的喜好，同时也成为人们一直热爱古希腊戏剧和宗教的"明证"。

### 相关主题

视觉文化　126页
陶器　128页
绘画　138页

### 3秒钟人物

埃克塞基亚斯
**活跃于公元前540年左右—公元前520年**
雅典高产的瓶画艺术家和制陶者，他的艺术风格是"黑绘"形象

诸位先驱：欧弗洛尼奥斯、尤西米德斯、芬提亚斯和斯米格罗斯
**活跃于公元前520年左右—公元前500年**
雅典陶器"红绘"风格的先驱

### 本文作者

艾米·C.史密斯

瓶画不断发展的风格让我们对希腊人的视觉想象有了深入的了解。

# 古代雕塑

## 30秒钟历史

希腊语词汇古老的（Archaios）派生出古风（Archaic）一词，指的是古典时期（约公元前700年 — 公元前480年）前的时期和其雕塑的呆板风格，无论雕塑是浮雕还是圆雕，风格都很生硬。最早装饰神庙的浮雕包括位于克里特岛普林尼阿斯的动物列队或行进中骑马人物，以及位于戈提那的代达罗斯风格的静态形象，该风格以神话中的工匠代达罗斯的名字命名。后来的浮雕有了叙事性，将一幕场景中不同故事的元素结合起来（如科孚岛上的阿尔忒弥斯神庙）或者横跨数个楣板装饰物（如德尔斐的斯菲尼亚金库）。年轻男性雕像（Kouroi）和年轻女性雕像（Korai）分别是裸露身体的年轻男性和穿着衣服的年轻女性的无支撑雕像，它们是宗教圣地或墓地献给神灵的礼物，见证了东方对雕塑风格和工艺的影响，并变得越来越自然主义。早期克莱奥比斯和比顿等年轻男性的雕像都是方形的，而后期雕像如克洛伊索斯王则在造型、表面重现和比例方面更加自然，因此更接近于"圆雕"。阿尔忒弥斯神庙的女祭司尼坎德瑞在提洛岛敬献了一个形状像厚木板的雕像，让人想起希腊神话中的木雕神像，这是用树干制成的最早的雕像。弗拉西克莱雅的墓志铭，其上部有一个年轻女性雕像，形似冥王哈迪斯的妻子珀尔塞福涅。

**相关主题**

视觉文化　126页
人物传略：普拉克西特利斯　135页
泛希腊时期的雕塑
136页

**3秒钟人物**

希俄斯岛的布帕罗斯
**活跃于公元前540年左右—公元前520年**
雕塑家，被认为创作了提喀（财富女神）雕像和德尔斐斯菲尼亚金库的楣板装饰

雅典的安忒诺耳
**活跃于公元前520年左右—公元前500年**
雅典雕塑家，被认为是"弑僭者"、哈尔摩狄奥斯和阿里斯托革顿群组像的创作者（创作于公元前510/509年）

**本文作者**
艾米・C.史密斯

　　克莱奥比斯和比顿、弗拉西克莱雅等雕像明显的呆板造型是古风时期雕塑的典型特征。

---

**3秒钟速览**
古希腊的艺术家们在公元前700年左右至公元前480年，创作了浮雕和圆雕的形象，展示了面向纪念性、自然主义和叙事主义的倾向。

**3分钟扩展**
古老的男性雕塑，每一尊都有一条腿向前，让人回想起疾走的埃及书吏的雕塑。当希腊人通过法老普萨姆提克一世的开放贸易政策接触到了埃及人，从公元前664年起，就得到了埃及纪念碑的启发。这些雕刻门类在工艺和意味上都有区别。希腊的年轻男性雕像是用坚硬的石头雕刻的，而埃及则使用较软的石头进行塑造。希腊的雕像是无支撑的，埃及书吏雕像则是与支撑雕像的背板连接在一起的。

**公元前390年代左右**
普拉克西特利斯出生

**约公元前365年**
他的儿子塞弗索多斯
二世出生

**公元前353年**
受雇成为装饰哈利卡
纳苏斯陵墓的数名雕
塑家的一员

**公元前364 — 公元前361年**
普拉克西特利斯职业
生涯的高点,包括作
品《尼多斯的阿芙洛
狄忒》

**约公元前330年代**
在曼蒂尼亚小组中工作

**公元前330年**
普拉克西特利斯去世

# 人物传略：普拉克西特利斯

## PRAXITELES

古典时期雕塑的成就是结合了自然主义和理想主义，当然还包括表达女性体形体感的能力。这种成就于公元前4世纪在雅典雕塑家普拉克西特利斯的作品中达到了高峰。普拉克西特利斯创作了各种化身、人类以及神灵的雕塑。他的名声来自于他的雕塑，尤其是关于神的雕塑，但他也创作浮雕，可能包括公元前353年创作的哈利卡纳苏斯陵墓的一些浮雕。虽然森林之神玛尔叙阿斯的浮雕和曼提尼亚莱托伊昂雕塑基座上的缪斯女神雕像被认为是工作坊的作品，但包萨尼亚认为它们是由这位大师创作的。

尽管数百份古代文献都提到了普拉克西特利斯，但没有现存的雕塑能确定是由他创作的。任何被认为是他的作品或认为他是创作者的铭文都不能贸然下结论。普拉克西特利斯和他的父亲塞弗索多斯将他们的名字传给家族中的后辈雕刻家使用，而在曼提尼亚的浮雕中，普拉克西特利斯的名字被用在工作室学徒的作品之上，如出一辙。普拉克西特利斯的名气如此之大，以至于事实上他的名字通常被罗马人用在复制品之上。

1877年，赫尔墨斯喂小狄俄尼索斯吃葡萄的未署名大理石雕像（如左图所示）在奥林匹亚山的赫拉神庙被发掘出来。在这里，包萨尼亚在罗马时代曾看见过由普拉克西特利斯创作的这样的雕像。如果这尊雕塑是这位雕刻大师的原创，那么该雕塑就是后来泛希腊时代易碎、带褶皱、肌肉柔软的雕塑的早期典范，这表明普拉克西特利斯是泛希腊时期艳丽雕刻风格的先驱。但这尊雕塑精细的凉鞋和未完成的背部让学者们认为它是仿制品或罗马人的复制品。

普林尼说，公元前364 — 公元前361年普拉克西特利斯的职业生涯达到高峰时，普拉克西特利斯用帕罗斯岛的大理石创作了他最著名的作品《尼多斯的阿芙洛狄忒》。这尊雕像最早是为科斯岛民创作的，但后来却安放在了尼多斯岛。这件雕塑因其各种复制品而为人所知，是普拉克西特利斯S形曲线样式的典范。这件作品的原作很显然是其大理石或彩绘大理石雕塑精细表面的典范，但他也曾用青铜创作该作品。普拉克西特利斯可能还以他的情人芙丽涅为原型创作了阿芙洛狄忒和其他人物形象。尽管普拉克西特利斯曾承诺为芙丽涅创作最好的雕像，但她却发现前者更喜欢森林之神玛尔叙阿斯或爱神厄洛斯。

艾米·C.史密斯

# 泛希腊时期的雕塑

## 30秒钟历史

亚历山大大帝去世（公元前323年）
至亚克兴战役罗马人取得胜利（公元前31
年）期间的文化时期被称为泛希腊时期，
原因是在这一时期创作的希腊式艺术沿着
地中海有了越来越多元化的受众。艺术家
们使用古代风格表现过去时期的艺术样
式，最终因新古典样式的审美效果而将其
改良。在其新的影响力中心如亚历山大、
别迦摩和罗兹岛，出现了一种以精细宏大
而戏剧性的形式为特征的巴洛克风格。公
元前220年后，位于别迦摩的围绕宙斯祭
坛的大型墙壁浮雕，展示的是神灵用古典
主义的优雅和巴洛克式的痛苦鞭打巨人的
场景。利西波斯于公元前330年创作了大
胆的肖像画，画中年轻的亚历山大大帝抬
起头扫视宙斯。这影响了亚历山大大帝继
任者们的肖像画以及作家、思想家乃至罗
马将军们的肖像画。在罗马伊特鲁里亚先
人的影响下，肖像画变得更加自然，例如
《休息的拳击手》工艺是镶铜，拳手脸上
布满褶皱，耳朵肿了，鼻子也破了，还有
伤疤。泛希腊时期晚期的雕塑家们尝试表
现各种主题，如残疾、性别和醉酒，而突
尼斯古城马赫迪耶的雌雄同体雕塑和意大
利巴尔贝里尼的半人半羊农牧神雕塑便是
明证。

**3分钟扩展**

位于别迦摩的阿塔利
德王朝的国王们分别
于公元前220年代在
别迦摩卫城以及公元
前150年代在雅典卫
城南坡建立了大阿塔
利德纪念碑和小阿塔
利德纪念碑。这些纪
念碑描绘了神话和历
史中的战争，强调了
别迦摩的对敌胜利
和其作为新雅典人的
角色。证据则包括各
个古代作家以及遍及
欧洲博物馆的亚马孙
族、波斯人和高卢人
雕刻的巨型雕像的复
制品。

**本文作者**

艾米·C.史密斯

戏剧性的姿态和表情
是泛希腊时期雕塑的典型
样式。

# 绘画

## 30秒钟历史

公元前6世纪至公元前5世纪，艺术家们在墙壁和画板上的画作为他们赢得了名誉。这些画作现在几乎找不到了，因此我们只能依赖于文字描述。普林尼告诉我们，科林斯的克里安提斯是大纲素描方面的先驱，科林斯的厄克方图发明了单色画，雅典的欧迈俄斯首先对男女进行了区分，而克里欧那的西门则发明了用四分之三视角表现形象的画法。维特鲁威说，雅典的阿波罗多罗斯发明了光和影子对立的光影画法，而萨摩斯岛的阿戛塔耳库斯尝试将透视引入到雅典的舞台设计中。萨索斯岛的波吕格诺图斯发明了结合红、黑、白和黄赭石四种颜料作画的方法。颜料与热蜡经混合后，被喷到大理石或木头的表面，即蜡画法，公元前3世纪德米特里阿斯-帕加塞的墓碑就是一个例子。部分墓室的内部有一些得以保存下来的最精良的画作。这些墓室既有意大利帕埃斯图姆（公元前480年）的潜水者的石棺墓，也有费尔吉纳的皇室（约公元前330年）的棺椁墓室。到了罗马时期，很多最著名的画作如阿格拉奥峰为政治家亚西比德创作的肖像画，就出现在雅典卫城的画廊里。

### 本文作者

艾米·C.史密斯

尽管古希腊绘画的大部分都失传了，但仍有足够数量的古希腊绘画得以流传下来，让我们能了解它们的色彩和主题。

# 金属制品和首饰

## 30秒钟历史

古希腊改良了东方工匠的工艺，使用其材料并模仿其风格。首饰和金属制品在装饰和展示财富方面重要性的最好证据便来自文学，例如在《伊利亚特》中，赫拉戴着黄金制成的首饰诱惑宙斯。不过首饰和金属制品通常被发现在墓室和储藏室中。这些贵重之物还是传家宝、运动员的奖品、献给神的礼物以及公共财物的保藏方式。最繁杂的宗教雕塑是用黄金和象牙制作的，黄金和象牙被附着在黏土或木头制成的核心上，这种方法改进了在木头核心上锤进一层层青铜的工艺。青铜浇铸使用黏土模子和蜡制成的模型，然后被用作容器和雕像。很多古典时期的雕像是用青铜铸成的，但后来被融化从而制成武器、盔甲和钱币。金匠因使用昂贵的材料及高超的工艺成就而受到人们的崇敬，他们制作缩微雕像，作坠饰和耳环之用。公元前5世纪波希战争后，人们使用白银，尤其用于钱币。公元前331年，亚历山大大帝掠夺了波斯王大流士的财富后，新的时尚、用途和工艺便在整个地中海地区变得繁盛起来。

**相关主题**
古代雕塑　132页
泛希腊时期的雕塑
**136页**

**3秒钟人物**
西奥多罗斯
**公元前5世纪**
为萨摩斯岛的僭主波吕克利特创作了黄金环里的祖母绿凹雕组

埃乌艾涅托斯
**活跃于公元前410左右——公元前390年**
模具雕刻大师，他在为叙拉古和卡塔尼亚的造币厂制作的模具上做标记

皮格罗泰莱斯
**活跃于公元前350左右——公元前320年**
宝石雕刻师，是仅有的三位被允许绘制亚历山大大帝画像的艺术家之一

**本文作者**
艾米·C.史密斯

古希腊工匠创作了大量实用且漂亮的金属物件，既有利刃，也有精美的首饰。

**3秒钟速览**
精工细作的金属制品，从首饰、武器到高脚杯，它们是有钱人的特权，文学作品对其有所提及，在坟墓中也有体现，尤其是在希腊北部。

**3分钟扩展**
最珍贵的希腊青铜器应该是在科林斯制作的。根据普林尼的记载，较早的科林斯青铜器是铜与金或银的金属合金，能耐污渍。铜与金、银中的一种的合金或铜与金银的合金被认为比其组成成分更贵重。在整个古希腊，这些合金被用于制作雕像、花瓶和其他装饰品。